Rolf Goetz

# NATURKOST-
## ein praktischer Warenführer

Band 1

pala-verlag

7. völlig neu überarbeitete Auflage
ISBN: 3-923176-77-5

Lektorat: Ute Galter
Umschlaggestaltung: Heine Design, Mühltal
Illustrationen: Margret Schneevoigt
Druck: Paderborner Druck Centrum

# Inhalt

**Inhalt** ........ **5**

**Vorwort** ........ **7**

**Naturkost - was ist das?** ........ **8**

**Anbauverbände und Warenzeichen** ........ **12**
Biologischer Anbau in Deutschland 12
Ausländische Anbauverbände 15
Der Bundesverband Naturkost - Naturwaren 16

**Getreide** ........ **19**
Die Renaissance des vollen Korns 19 / Getreidearten 28
Anderes Getreide 55

**Getreideprodukte** ........ **63**
Mehl und Schrot 63 / Vollkornbrot 65
Kleines Brotlexikon 68 / Vollkornbrot richtig lagern 71
Zwieback 72 / Kuchen und Kleingebäck 73 / Getreideflocken 74
Müslizubereitungen 75 / Müsliriegel 78 / Getreidebreie 79
Thermo-Getreide 80 / Vollkornnudeln 82 / Weizenprodukte 87
Reis- und Getreidewaffeln 88

**Obst** ........ **91**
Der Apfel 92 / Südfrüchte 95

**Gemüse** ............................ **102**
Gemüse der Saison 102 / Gemüse aus biologischem Anbau 104
Die Kartoffel 106 / Seltene Gemüsesorten 109
Wildgemüse und Wildkräuter 113 / Roh oder gekocht? 115
Tips für die Zubereitung von Gemüse 116
Gemüsekonserven und Tiefkühlkost 118

**Keimlinge und Sprossen** ............................ **120**
Sprossenzucht 121 / Keimsaaten 122 / Weizengras 124

**Meeresgemüse** ............................ **126**
Nährstoffe 127 / Schwermetalle und Radioaktivität 128
Algenarten 130

**Pilze** ............................ **134**

**Kräuter und Gewürze** ............................ **137**
Einheimische Gewürze und Kräuter 138
Fremdländische Gewürze 139 / Salz 143 / Essig 147
Senf 149 / Hefeflocken 149 / Würzbrühe 150

**Samen, Kerne und Nüsse** ............................ **151**
Nüsse 152 / Tropische Nüsse 155 / Ölsaaten 157

**Öle und Fette** ............................ **160**
Speiseöle 160 / Die wichtigsten Speiseöle im Naturkosthandel 163
Plattenfette 167 / Streichfette 168

**Index** ............................ **172**

# Vorwort

Seit Erscheinen der ersten Auflage dieses Buches Anfang der 80er Jahre hat sich der positive Trend zu einer natürlichen und möglichst vollwertigen Ernährungsweise fortgesetzt. Die Art und Weise, wie unsere Nahrungsmittel angebaut und verarbeitet werden, erfährt derzeit eine spürbare Umorientierung. Erste Anfänge, Naturkost als Massenware anzubieten, sind gemacht. Vollkornbrot, Naturreis, kaltgepreßte Speiseöle und alternative Süßmittel werden außer in Reformhäusern und Naturkostläden mehr und mehr von Supermärkten, Feinkostgeschäften und Drogerien angeboten. Mangelnde Markttransparenz und qualitative Einbußen sind die logischen Folgen dieser Entwicklung. Um so wichtiger erscheint es, den Verbraucherinnen und Verbrauchern einen praktischen Leitfaden durch das Angebot vollwertiger Nahrungsmittel in die Hand zu geben.

Die vorliegende, völlig neu bearbeitete Ausgabe des Naturkost-Warenführers trägt diesem Umstand Rechnung. Das Buch will Entscheidungshilfen bei der täglichen Auswahl der Nahrung bereitstellen und dazu beitragen, den eingeschlagenen Weg zu einer vollwertigen, gesunden und ökologisch vertretbaren Ernährungsweise zu vertiefen.

Im vorliegenden ersten Band werden die Warengruppen Getreide, Getreideprodukte, Obst, Gemüse, Algen, Pilze, Kräuter und Gewürze, Öle und Fette sowie Samen, Kerne und Nüsse behandelt. Der zweite Band beschäftigt sich mit tierischen Produkten, Hülsenfrüchten, Sojaprodukten, makrobiotischen Spezialitäten, fermentierten Lebensmitteln, Getränken und Kindernahrung. Um die beiden Bände auch als lexikalisches Nachschlagewerk nutzen zu können, ist jeweils ein detailliertes Stichwortregister angefügt.

Eine ausführliche Literaturliste ist im zweiten Band zu finden.

# Naturkost - was ist das?

Immer unübersehbarer wird die Zahl der Produkte, die als „Biokost“ oder „Naturkost“ angeboten werden. Da keine dieser Bezeichnungen gesetzlich geschützt ist, werden viele Produkte mit den Attributen „biologisch“ oder „natürlich“ versehen. Diese Kommerzialisierung des „Bio-Booms“ macht eine Begriffsklärung notwendig. Was ist wirklich „Naturkost“, und was wird nur fälschlich unter diesem Namen verkauft?

Unter dem Sammelbegriff Naturkost wird in diesem Buch solche Nahrung verstanden, die auf möglichst natürliche Weise angebaut und verarbeitet wurde.

Ein bestimmendes Kriterium naturbelassener Nahrungsmittel ist die ökologische Anbauweise. In der ökologischen Landwirtschaft wird auf die Ausbringung von Kunstdüngern und chemischen Unkraut- und Schädlingsbekämpfungsmitteln konsequent verzichtet. Produkte aus kontrolliert biologischem Anbau können jedoch keine generelle Rückstandsfreiheit garantieren. Von Umweltgiften oder radioaktivem Fallout bleibt auch die biologische Landwirtschaft nicht verschont.

Lebensmittel aus kontrolliert biologischem Anbau weisen dennoch wesentliche Vorteile auf: sie enthalten keine oder nur wenig Rückstände an Pestiziden; sie reichern weniger Nitrat an; sie verfügen teilweise über einen höheren Nährstoffgehalt und - last but not least - biologisch gezogenes Gemüse und Obst ist vielfach im Geschmack besser und aromatischer als konventionelle Ware. Durch die Förderung der ökologischen Landwirtschaft leistet der Verbraucher zudem einen aktiven Beitrag zum Umweltschutz.

Nicht übersehen werden darf auch der Zusammenhang zwischen Ernährung und Gesundheit. Viele der heute verbreiteten Zivilisationskrankheiten sind ernährungsbedingt. Besonders negativ wirkt sich die zunehmende lebensmitteltechnologische Aufbereitung unserer

Nahrung aus. Je mehr ein Lebensmittel industriell verarbeitet und verändert wird, desto mehr verliert es an Wert. Ob Raffinieren oder Anreichern, ob Konservieren, Härten, Umestern oder Extrudieren - jeder Prozeß verändert die Nahrungsqualität nachhaltig. Die Umstellung auf eine vollwertige und ausgewogene Kost bietet die besten Voraussetzungen für unsere Gesundheit und unser Wohlbefinden.

Wird Naturkost weiterverarbeitet, so geschieht dies auf möglichst schonende Weise. Vollkornbrot und Vollkornnudeln enthalten alle Bestandteile des ganzen Korns. Naturreis ist lediglich von den Spelzen befreit, während beim weißen Reis zusätzlich die wertvollen Randschichten wegpoliert werden. Speiseöle werden nicht, wie im allgemeinen üblich, mit Hilfe chemischer Lösungsmittel extrahiert, sondern schonend gepreßt. Honig wird während der Abfüllung nicht erhitzt. Fruchtsäfte sind nicht gezuckert. Trockenfrüchte werden weder geschwefelt noch begast. Verarbeitete Produkte sind frei von Konservierungsstoffen, synthetischen Farb- und Aromastoffen sowie anderen künstlichen Zusätzen.

**Anpassung an lokale und saisonale Gegebenheiten**

Wenn wir uns möglichst natürlich ernähren wollen, sollten wir den Speiseplan entsprechend der Jahreszeit gestalten. Jede Jahreszeit und jeder Monat bringen bestimmte Sorten Gemüse und Früchte hervor. Im Winter, wenn es weniger Früchte gibt, können wir auf lagerfähige Nahrungsmittel zurückgreifen, vor allem auf Getreide, Bohnen, Wurzelgemüse, Winteräpfel und natürlich auf konserviertes Gemüse wie Sauerkraut, Essiggurken und anderes Eingemachte.

Wie die Nahrung auf die entsprechende Jahreszeit ausgerichtet ist, so ist es auch empfehlenswert, den Nahrungsmitteln aus der heimischen Klimazone den Vorzug zu geben. Die Nahrung in Küstengebieten ist eine andere als die im Landesinneren, Menschen im Hochgebirge essen anders als ihre Landsleute weiter unten in der

Tiefebene. Auch die Aufbereitung der Nahrung ist von der jeweiligen Klimazone abhängig. In kühlen und gemäßigten Zonen ist gekochte, warme Nahrung vorzuziehen. In wärmeren, tropischen Regionen dagegen werden Rohkost und Früchte bevorzugt.

**Nicht Fleisch, nicht Fisch - die vegetarische Alternative**

Zur Umstellung auf eine bewußtere Form der Ernährung gehört nahezu immer die Abwendung von der fleischzentrierten Ernährung. Gelingt es, den Fleischkonsum drastisch zu reduzieren oder ganz aufzugeben, so gehört dieser Schritt sicherlich für viele zu den einschneidendsten Veränderungen im Leben.

Der jährliche pro-Kopf-Verbrauch an Fleisch liegt in Deutschland derzeit bei etwa 100 kg. Mit Fleisch und anderen tierischen Produkten nehmen wir Eiweiß im Überfluß zu uns. Kann der Eiweißbedarf bei vegetarischer Ernährung in ausreichendem Maße gedeckt werden? Eine Ernährungsweise, die vornehmlich auf Vollkorngetreide, Gemüse, Hülsenfrüchten und Nüssen basiert, enthält bereits mehr als genug Eiweiß. Für den täglichen Bedarf sind bereits rund 25 g ausreichend.

Auch vom Eiweiß einmal abgesehen, wird die ernährungsphysiologische Bedeutung des Fleisches im allgemeinen überschätzt. Eine Ernährung, die hauptsächlich aus tierischen Produkten besteht, ist erwiesenermaßen zu fetthaltig. Andererseits enthält Fleisch so gut wie keine Ballaststoffe, was sich negativ auf die Verdauung auswirkt. Außerdem ist es kohlenhydratarm. Es enthält keine Mineralstoffe, die nicht auch durch pflanzliche Nahrung aufgenommen werden können, und sein Gehalt an Vitamin C und Vitamin A ist gering. Fleisch als vollwertige Nahrung anzusehen, ist also weit gefehlt.

Zu einem Umdenken zwingt auch die chemische Belastung des Fleisches mit Rückständen aller Art. Das Tier steht am Ende der Nahrungskette und ist daher besonders stark belastet. Neben Pestiziden finden sich im Fleisch auch Rückstände von Schwermetallen, Tierarzneimitteln und „Masthilfen". Bei der Verarbeitung werden dem Fleisch eine beträchtliche Zahl von mehr als zweifelhaften Fremdstoffen wie Bindehilfsmittel, Phosphate, Farbstoffe und insbesondere nitrithaltige Pökelsalze zugefügt.

Angesichts ständiger Hungerkatastrophen in der Dritten Welt ist die Fleischproduktion sowohl politisch als auch ökonomisch verantwortungslos. Über den ästhetischen Aspekt der Fleischaufzucht sowie des Tötens der Tiere mögen sich die Leserinnen und Leser selbst Gedanken machen.

**Die Kostenfrage**

Natürliche Ernährung ist nicht mehr die Sache von Gesundheitsaposteln und Rohkost- oder Körnerfreaks. Wenn auch eine konsequente Ernährungsumstellung bei der Masse der bundesdeutschen Bevölkerung bisher ausgeblieben ist, so sympathisieren doch weite Teile mit dem Gedanken einer positiven Veränderung ihrer Ernährung. Ihr Hauptargument gegen Naturkost ist vornehmlich der Preis, der dafür zu zahlen ist.

Die Nahrungsmittel, die die Einkaufskasse jedoch am nachhaltigsten belasten, sind Fleisch, Wurst, Käse, Limonade und Süßigkeiten. Wird der Konsum von Fleisch und anderen tierischen Produkten reduziert, auf Süßigkeiten verzichtet und dafür mehr zu Vollkorngerichten, Rohkost und Gemüse übergegangen, so werden die Ausgaben fürs Essen nicht höher liegen. Je einfacher die Ernährung gestaltet wird, um so besser und billiger ist sie.

Eine natürliche Lebensweise führt zudem zu einer bewußteren Einstellung zu den Genußmitteln Kaffee, Tabak und Alkohol, die beim Einkauf im Supermarkt sicherlich am stärksten zu Buche schlagen. Dies hat nicht nur einen positiven Effekt auf die Haushaltskasse, sondern vor allem auf unsere Gesundheit.

# Anbauverbände und Warenzeichen

Das Wort „biologisch“ ist bisher in keiner Weise gesetzlich geschützt. Vielmehr ist der Begriff bereits so verwässert, daß der Einkauf von Waren, die als biologisch angepriesen werden, mit Recht von gesundem Mißtrauen begleitet werden muß. Für unbedarfte Verbraucher ist es daher fast schon unmöglich, die Spreu vom Weizen zu trennen. Dutzende verschiedener Anbaumethoden und eingetragener Warenzeichen sorgen für zunehmende Begriffsverwirrung. Wollen Verbraucher echt biologisch produzierte Nahrungsmittel von weniger seriöser Ware unterscheiden, kommen sie nicht umhin, sich mit Kürzeln wie *Bio Dyn*, *Bioland* oder *Naturland* vertraut zu machen. Nur so ist man in der Lage, aus dem vielfältigen Angebot jene Produkte auszuwählen, die zu Recht das Etikett „biologisch“ tragen. Eine EG-weite staatlich Richtlinienverordnung über den ökologischen Landbau und die entsprechende Kennzeichnung der landwirtschaftlichen Erzeugnisse ist in Vorbereitung.

## Biologischer Anbau in Deutschland

Obwohl der ökologische Landbau in Deutschland bereits auf eine mehr als 50jährige Entwicklung zurückblicken kann, stellten bis zu Beginn der 70er Jahre nur wenige Betriebe um. Gab es 1970 vielleicht knapp 200 Öko-Bauern, so stieg deren Zahl 1980 bereits auf mehr als das Doppelte an. Seither nahm die ökologische Landwirtschaft eine stürmische Entwicklung.

Der weitaus größte Teil der Bio-Bauern ist in einem der sechs Anbauverbände organisiert. Um die Arbeit zu vereinheitlichen, schlossen sich die deutschen Bio-Verbände 1988 mit der Stiftung Ökologie und Landbau zur Arbeitsgemeinschaft Ökologischer Landbau (AGÖL) zusammen. In der AGÖL sind derzeit etwa 3.500 Bauern und Winzer organisiert, die insgesamt 85.000 Hektar Land nach biologischen Methoden bewirtschaften. Gemeinsame Grundlage sind die von allen Verbänden anerkannten Richtlinien des ökologischen Landbaus. Grundlegendes Ziel der Rahmenrichtlinien ist es, den Bio-Markt für Verbraucher überschaubar und transparent zu machen. Detailliert wird auf Pflanzenbau, Pflanzenschutz und Tierhaltung eingegangen, und es ist genau geregelt, was ein ökologischer Betrieb an Maßnahmen einsetzen darf bzw. zu unterlassen hat.

Die Richtlinien beinhalten im wesentlichen folgende Kernpunkte:

● **Geschlossener Betriebskreislauf:** Der Stoff- und Energiekreislauf eines Betriebes ist möglichst geschlossen.

● **Vielseitige Betriebsstruktur:** Eine vielfältige Pflanzen- und Tierwelt sind die Voraussetzungen für eine fruchtbare und gesunde Kulturlandschaft.

● **Arten-, Sorten- und Standortwahl:** Es sollen solche Pflanzenarten und -sorten kultiviert werden, die für die jeweiligen örtlichen Bedingungen am geeignetsten und am wenigsten krankheitsanfällig sind.

● **Fruchtfolge:** Eine vielseitige Fruchtfolge wird als wesentliches Element zum Aufbau der Bodenfruchtbarkeit, der Unkrautabwehr, der Kontrolle von Krankheiten und Schädlingen sowie nicht zuletzt der Ertragssicherung angesehen. Für Gründüngungspflanzen und Leguminosen sollte ausreichend Raum vorhanden sein.

● **Humuswirtschaft und Düngung:** Die Pflege der Dauerfruchtbarkeit des Bodens wird mit schonender Bodenlockerung sowie mit Gründüngung als Zwischenfruchtanbau und als Untersaat angestrebt. Als Düngemittel werden dem Boden lediglich Kompost,

Stallmist, Jauche, Strohdüngung sowie bei Bedarf mineralische Ergänzungsdünger wie Gesteinsmehle, Algenmehle, Kalk u.a. zugesetzt. Die Verwendung von synthetischem Stickstoffdünger, leicht löslichen Phosphaten und chlorhaltigen Kalidüngern ist untersagt. Harnstoff und Klärschlamm dürfen ebenfalls nicht angewendet werden.

● **Pflanzenschutz:** Grundprinzip des ökologischen Pflanzenschutzes ist die Stärkung der bodeneigenen Abwehrkräfte durch geeignete Standort- und Sortenwahl, Fruchtfolge und Bodenpflege. Synthetische Pflanzenbehandlungsmittel sind grundsätzlich untersagt. Zugelassene Hilfsmittel sind die Förderung und der Einsatz natürlicher Feinde, Insektenfallen, mechanische Abwehrmittel, verschiedene Kräuterjauchen, Algen- und Steinmehle. Beschränkt zugelassene Mittel gegen Pilzkrankheiten sind Netzschwefel, Kupfer-Präparate und Wasserglas; gegen tierische Schädlinge können bei Bedarf Pyrethrum, Quassiaholz, Öl-Emulsionen und Schmierseife eingesetzt werden.

● **Unkrautregulierung:** Die Unkrautbekämpfung erfolgt normalerweise durch mechanische Maßnahmen, gegebenenfalls auch durch Abflammen. Die Verwendung von chemischen Herbiziden und Wachstumsregulatoren ist untersagt.

● **Artgerechte Tierhaltung:** Das Futter sollte möglichst aus hofeigener Produktion kommen. Importiertes Kraftfutter aus der Dritten Welt wird nicht verwendet. Futtermittelzusätze wie Antibiotika, Hormone, Harnstoff und Pharmaka sind nicht zulässig.

Nach den Richtlinien des ökologischen Landbaus arbeiten folgende deutsche Verbände:

- **ANOG, AG** für naturnahen Obst-, Gemüse- und Feldfruchtanbau e.V., Bonn
- **Bioland**, Verband für organisch-biologischen Landbau e.V., Uhlingen

- **Biokreis Ostbayern e.V.**, Passau
- **Bundesverband Ökologischer Weinbau e.V**. (BÖW), Ottersheim
- **Demeter Bund e.V.**, Stuttgart
- **Naturland**, Verband für naturgemäßen Landbau e.V., Gräfelfing

Jeder Verband hat für seine Mitglieder zudem eigene detaillierte Richtlinien erlassen. Manche der Verbände erfüllen gerade die Minimalanforderungen der Rahmenrichtlinien; andere fassen einzelne Aspekte noch konsequenter auf. Geschützte Warenzeichen bürgen jeweils für die entsprechende Qualität eines Produktes.

## Ausländische Anbauverbände

Neben den deutschen Verbänden gibt es in vielen anderen europäischen Ländern und in Übersee zahlreiche vergleichbare biologische Anbaugruppen. Die gemeinsame Arbeitsgrundlage sind die internationalen IFOAM-Richtlinien für den biologischen Landbau. Die IFOAM (International Federation of Organic Agriculture Movements - Internationale Vereinigung biologischer Landbewegungen) wurde 1972 in Frankreich von „Nature et Progrès" ins Leben gerufen. Der Organisation gehören heute Mitglieder aus 65 Ländern an.

Die für den deutschen Markt wichtigsten und vom Bundesverband Naturkost Naturwaren anerkannten ausländischen Verbände sind:

- **Biofranc,** Frankreich
- **Nature et Progrès,** Frankreich
- **Stichting Ekomerk Controle (SEC),** Niederlande
- **Vidasana,** Spanien
- **VSBLO,** Schweiz
- **Biogarantie,** Belgien
- **Soil Association,** England

- **Farm Verified Organic (FVO),** USA
- **OCIA,** Kanada

## Der Bundesverband Naturkost - Naturwaren

Dem 1988 gegründeten Dachverband **Bundesverband Naturkost Naturwaren** gehören Hersteller, Groß- und Einzelhändler an, die sich dem Gedanken der Naturkost verpflichtet fühlen. Die Mitglieder sind jeweils in Einzelverbänden organisiert. Im Verband der Einzelhändler sind etwa die Hälfte der bundesdeutschen Naturkostfachgeschäfte zusammengeschlossen. Sie zeichnen sich dadurch aus, daß der überwiegende Anteil des Sortiments, insbesondere das Frische-Sortiment, aus kontrolliert biologischem Anbau stammt und eindeutig als solches deklariert ist. Insbesondere das Frische-Sortiment kommt bis auf wenige Ausnahmen aus kontrolliert biologischem Anbau.

Die im Bundesverband organisierten Naturkostfachgeschäfte sind an folgendem Qualitätszeichen erkennbar:

Mitglied im Bundesverband
NATURKOST
NATURWAREN

Jedes Geschäft wird auf Einhaltung der verbindlichen Verbandsrichtlinien hinsichtlich Warensortiment und korrekter Deklaration in regelmäßigem Turnus überprüft. In Zusammenarbeit mit ökologisch wirtschaftenden Höfen, Naturkostverarbeitern und Großhändlern wird so bis hin zum Endverbraucher eine lückenlos kontrollierbare Handelskette geschaffen, die für die kontrolliert biologische Qualität der Erzeugnisse garantiert.

# ArbeitsGemeinschaft Ökologischer Landbau

**Anerkannte Verbände der ökologischen Landwirtschaft** (Stand: 1. 1. 1991)

Die genannten sechs Verbände und die Stiftung Ökologie und Landbau haben sich 1988 in der AGÖL zusammengeschlossen (Koordinationsstelle, Baumschulenweg 11, D-6100 Darmstadt, Tel. 0 61 55 / 20 81, Fax 0 61 55 / 57 74). Die AGÖL-Mitglieder bewirtschaften zusammen über 85 000 ha = 0,7 % der landwirtschaftlichen Nutzfläche (alte Bundesländer) nach den Richtlinien des ökologischen Landbaus (SÖL-Sonderausgabe Nr. 17).

| | biologisch-dynamisch | organisch-biologisch | Biokreis Ostbayern | Naturland | ANOG | BÖW |
|---|---|---|---|---|---|---|
| Gründungsjahr | 1924 | 1971 | 1979 | 1982 | 1962 | 1985 |
| Warenname und Schutzzeichen | demeter [1] | Bioland | BIO KREIS | Naturland | ANOG Kontrollierte biologische Produkte | ECO VIN |
| Bei Umstellungs-ware | Biodyn | „Bioland-Erzeugnisse aus dem Umstellungsbetrieb“ | aus dem Umstellungsbetrieb | aus dem Umstellungsbetrieb | aus dem Umstellungsbetrieb | aus dem Umstellungsbetrieb |
| Anbaufläche (ha) | 23 914 | 36 343 [2] | 2 151 | 10 830 | 2 009 | 285 |
| Zahl der Betriebe | 1 098 | 1 623 [2] | 150 | 401 | 78 | 76 |
| Zeitschrift | „Lebendige Erde“, mit „Gartenrundbrief“, „Demeterblätter“ [1] | „Bioland“ | „Bio-Nachrichten“ | „Naturland“ | „ANOG-Informationen“ | Mitteilungen in „Ökologie und Landbau“ |
| Adresse | Forschungsring für Biologisch-Dynamische Wirtschaftsweise e. V., Baumschulenweg 11, 6100 Darmstadt, Tel. (0 61 55) 26 74 | Bioland – Verband für organisch-biologischen Landbau e. V., Barbarossastraße 14, 7336 Uhingen, Tel. (0 71 61) 3 10 11 | Biokreis Ostbayern e. V., Theresienstraße 36, 8390 Passau, Tel. (08 51) 3 16 96 | Naturland Verband für naturgemäßen Landbau e. V., Kleinhaderner Weg 1, 8032 Gräfelfing, Tel. (0 89) 8 54 50 71 | ANOG – AG für naturnahen Obst-, Gemüse- u. Feldfruchtanbau e. V., Josef-Schell-Str. 17, 5300 Bonn, Tel. (02 28) 62 75 91 | Bundesverband Ökologischer Weinbau e. V., Obergasse 9, 6719 Ottersheim/Pfalz, Tel. (0 63 55) 12 85 |

[1]) Verarbeiter, Händler und Verbraucher wenden sich bitte an: Demeter-Bund e. V., Fenchelstraße 14, D-7000 Stuttgart 75, Tel. (07 11) 4 41 10 25
[2]) Weitere 429 Betriebe (10 253 ha) befinden sich in Vorbereitung (Nulljahr)

Kontaktadressen neue Bundesländer: Gäa — Arbeitsgemeinschaft für Ökologischen Landbau, Schulstr. 5, O-8251 Taubenheim, Tel. Burkhardswalde 3 38

BÖL – Beratungsring Ökologischer Landbau, Kieler Straße 26, 2352 Bordesholm; ab 1. 5. 1991: O-1400 Oranienburg-Eden, Tel. Oranienburg 34 13 / 17

Stiftung Ökologie & Landbau



Diese Übersicht ist als DIN A2-Plakat für DM 1,— pro Stück (+ 2,— Porto) bei der Stiftung Ökologie und Landbau erhältlich

# Getreide

## Die Renaissance des vollen Korns

Schon die Namen vieler Naturkostläden wie Schrot und Korn, Kornkraft, Kornblume, Siebenkorn, das schwäbische Kornlädle oder das bayrische Kornkammerl weisen auf die zentrale Stellung des Getreides im Naturkosthandel hin. In Zellophan und Papiertüten abgepackt, breitet sich eine in Holzregalen gestapelte, fast schon unüberschaubare Körnerlandschaft aus. Da finden sich Grünkern, Nackthafer, Hirse und etwas fremd anmutende Dinge wie Buchweizen, Dinkel oder Polenta. Wer zum ersten Mal ein Reformhaus oder einen Naturkostladen betritt, hat zu diesen ehemals grundlegenden Lebensmitteln heute fast keinen Bezug mehr.

Die Ernährung mit Vollkorngetreide spielte, vom Brot einmal abgesehen, fast das gesamte 20. Jahrhundert hindurch eine völlig untergeordnete Rolle. Noch vor wenigen Jahren war es so gut wie unmöglich, in einem Supermarkt ganze Getreidekörner wie Roggen, Weizen oder Hirse zu erstehen.

Die Renaissance der Vollkornernährung geht auf verschiedene Einflüsse zurück. Ernährungsreformer wie Max Bircher-Benner, Are Waerland und Werner Kollath verkündeten mit teilweise messianischem Eifer die gesundheitlichen Vorzüge einer vollwertigen Ernährung. Erstes Ergebnis dieser Bemühungen war die sich entfaltende Reformbewegung, aus der heraus schließlich auch die ersten Reformhäuser hervorgingen. Der eigentliche Durchbruch für die Rückbesinnung auf das volle Korn vollzog sich Anfang der 70er Jahre. Wegbegleiter der neuen Ernährungsweise waren so unterschiedliche Einflüsse wie die makrobiotische Ernährungslehre nach George Ohsawa, die anthroposophische Ernährungslehre nach Rudolf Steiner sowie das Wirken einzelner Ernährungsexperten wie Dr. Schnitzer, Dr. Bruker oder des Gießener Ernährungswissenschaftlers Prof. Leitzmann. Obwohl in ihrer philosophischen und praktischen Ausrichtung grundverschieden, betonen sie alle die zentrale Bedeutung der Getreidekost. Und alle legen besonderen Wert darauf, daß das Korn in seiner ganzen, nicht raffinierten Form verzehrt wird.

## Das Getreide im kulturgeschichtlichen Wandel

Die Ernährung des Menschen mit Getreide spielt bereits seit Jahrtausenden eine überragende Rolle. Seit der Mensch dazu überging, Ackerbau zu betreiben, ist Getreide sein wichtigstes Nahrungsmittel. Aus Wildformen von Gräsern züchtete er nach und nach die heute bekannten Getreidearten. Weizen, Gerste, Reis und Hirse standen am Anfang, später kamen Hafer, Roggen und Mais dazu. Mesopotamien, die einstige Hochkultur zwischen Euphrat und Tigris, Anatolien und Ägypten gehören zu den ältesten Anbaugebieten. Neuere archäologische Funde in Mexiko und im Nildelta deuten darauf hin, daß Getreide bereits vor 18.000 Jahren kultiviert wurde.

Den alten Kulturvölkern war das Getreide heilig. Sie verbanden Aussaat, Pflanzung und Ernte mit kultischen Riten. So stand Demeter, die Göttin der Fruchtbarkeit im antiken Griechenland, im Mittelpunkt von kultischer Verehrung und Opferriten. Im Demeter-Kult der Alten Griechen hat auch das heutige Erntedankfest seinen Ursprung.

Im Laufe der Geschichte vollzogen sich hinsichtlich der Bedeutung und der Verarbeitung des Getreides umwälzende Veränderungen. Ursprünglich wurde das Korn erst kurz vor der weiteren Verarbeitung zerstoßen oder gemahlen. Man rührte es mit Wasser an, fügte Salz hinzu und formte es zu Fladen, die an der Sonne oder über dem Feuer getrocknet wurden. Getreidebrei, Grütze und Getreidesuppen bildeten die tägliche Ernährungsgrundlage. So wurde das ganze Korn optimal verarbeitet. Mit der Entdeckung des Sauerteigs als Teiglockerungsmittel entstand aus dem einfachen Fladenbrot schließlich das Sauerteigbrot. Bereits unter den ägyptischen Pharaonen stand die Kunst des Backens in voller Blüte. Brot entwickelte sich zum wichtigsten Grundnahrungsmittel.

Um etwas helleres und feineres Mehl zu erhalten, begannen bereits die Alten Griechen, die groben Teile der Kleie auszusieben. Im Römischen Weltreich entwickelte sich der Trend zu hellerem Mehl in ähnlicher Weise. Helles, weißes Mehl blieb allerdings ein Luxusartikel der reichen Leute, die sich spezielle Kuchenbäcker hielten, um ihre verfeinerten Bedürfnisse zu befriedigen. Die einfache Bevölkerung konnte es sich dagegen kaum leisten, einen Teil der ohnehin nicht im Übermaß vorhandenen Nahrung noch auszusieben.

War bei den Römern der Weizen das vorherrschende Getreide, so wurde im mittelalterlichen Europa vornehmlich Roggen angebaut. Das Roggenmehl wurde jedoch nicht ausgesiebt, und das daraus zubereitete Roggenbrot kann fast als Vollkornbrot im heutigen Sinne bezeichnet werden. Erst im 16. Jahrhundert begann die adelige Schicht in Frankreich, sich dem Weizen zuzuwenden, der nun mit feineren Methoden zu weißem Staubmehl gesiebt wurde. Der französische Adel ernährte sich fortan vom sogenannten „Herrenbrot“, das aus feinem Weizenmehl gebacken wurde. Nachdem Frankreich die kulturelle Vorherrschaft in Europa übernahm, gehörte bald auch in den Nachbarländern die französische Lebensführung zum „guten Ton“.

Die französische Revolution schließlich erhob das Weißbrot zur Volksnahrung. Ob arm oder reich, fortan wurde für alle aus dem gleichen weißen Mehl gebacken. In ganz Mitteleuropa begann Weizen immer mehr, den Roggen als Brotgetreide zu verdrängen. Dort, wo sich der Roggen noch halten konnte, wurde selbst dieser immer feiner ausgesiebt. Die technischen Erneuerungen während der Zeit der Industriellen Revolution beschleunigten den Vormarsch des raffinierten Mehls. Die Weizenmühle aus Hartguß wurde erfunden. Nun konnten Kleie und Keimling bereits fast perfekt von den übrigen Bestandteilen des Getreidekorns getrennt werden. Übrig blieb ein fein ausgemahlenes weißes Mehl, welches nun die nahezu ausschließliche Grundlage für das Brotbacken darstellte. Weißes, raffiniertes Mehl avancierte weltweit zu einer unbegrenzt lagerfähigen Handelsware. Der Nährwert der daraus hergestellten Lebensmittel jedoch sank rapide. Die unverdaulichen Randschichten des Korns - also die Kleie - galten als überflüssige Ballaststoffe. Die mit Vitaminen und Mineralstoffen durchsetzte Kleie wurde als Abfallprodukt ans Vieh verfüttert. Das ehemals so wertvolle Getreide kam seither fast nur noch in denaturierter Form auf den Tisch.

Durch die mit der Zeit immer beliebter werdende Kartoffel gaben zudem ganze Kulturvölker die ursprüngliche Getreidenahrung (meist morgens und abends als Brei) auf. Mit zunehmendem Wohlstand, vor allem in den westlichen Ländern, gewann die Ernährung mit Fleisch und tierischen Produkten eine immer größere Bedeutung. Vom täglichen Brot einmal abgesehen, wurde das Getreide zur Beilage degradiert oder gänzlich aus dem Ernährungsplan gestrichen. Spricht man heute von Getreide, so denken die meisten Leute in erster Linie an Weißbrot und Kuchengebäck, allenfalls noch an Spaghetti oder Spätzle. Das ganze Korn oder daraus zubereitete Suppen, Breie und Grützen sind nahezu vollständig von unserem Tisch verschwunden.

**Getreideanbau heute**

Weltweit werden heute 75 % der gesamten Ackerfläche für den Anbau von Getreide genutzt. Getreide ist damit nach wie vor auf allen Kontinenten die wesentliche Ernährungsgrundlage des Menschen.

Allerdings wird Getreide heutzutage überwiegend nicht direkt als Nahrung genutzt, sondern auf dem Umweg über das Tier. So werden in der Bundesrepublik etwa 65 % (!) der gesamten Getreideernte als

Futtergetreide ver(sch)wendet. Nur ganze 20 % kommen dem Menschen in Form von Brot und Nährmitteln wie Teigwaren, Flocken u.a. direkt zugute. Und von diesen 20 % werden wiederum 90 % zu hellen, minderwertigen Auszugsmehlen verarbeitet.

Im Laufe der letzten 100 Jahre erfuhr der Getreideanbau tiefgreifende Veränderungen. Noch vor wenigen Generationen begrenzte sich die Zuchtauswahl auf robuste und gegenüber Schädlingen resistente Sorten. Angebaut wurde nach dem Prinzip der Dreifelderwirtschaft oder im Fruchtwechsel. Als Dünger dienten vornehmlich Mist und organische Abfälle.

Die industrielle Herstellung von treibenden Kunstdüngern sowie die Entwicklung hochwirksamer synthetischer Unkraut- und Schädlingsbekämpfungsmittel revolutionierte binnen weniger Jahrzehnte die gesamte Landwirtschaft. Mit Hilfe mineralischer Dünger, synthetischer Spritzgifte und nicht zuletzt eines modernen landwirtschaftlichen Maschinenparks konnte fortan auf Fruchtfolgen verzichtet und zu großflächigen Monokulturen übergegangen werden. Innerhalb des letzten Jahrhunderts stiegen die Ernteerträge um das Vierfache an. Nur was den höchsten Ertrag versprach, wurde angebaut. Weizen entwickelte sich aufgrund besonders guter Erträge weltweit zum Getreide Nummer Eins. Andere, einstmals geschätzte Getreidearten wie Hafer, Hirse und Buchweizen sanken fast zur Bedeutungslosigkeit herab.

Die Nachteile der intensiven Nutzung sind mittlerweile offensichtlich. Das hohe Niveau der Erträge kann nur durch steigende Kunstdüngergaben gehalten werden. Die Bodenqualität verschlechtert sich. Die Widerstandskraft der Kulturpflanzen gegen Krankheiten und Insektenbefall sinkt.

Schädlingsbekämpfungsmittel vernichten auch zahlreiche Nützlinge. Immer mehr Schädlinge werden zudem gegen chemische Spritzmittel resistent, was die Entwicklung immer neuer und stärkerer Gifte zur Folge hat. 70 bis 80 % der Getreidefelder werden regelmäßig mit Herbiziden gegen Unkräuter gespritzt. Die Pflanzenvielfalt geht zurück. Das ökologische Gleichgewicht gerät in Unordnung.

Nitrathaltige Düngemittelrückstände werden aus dem Boden ausgewaschen und belasten teilweise nachhaltig Oberflächengewässer und Grundwasser. Saatgutbeizmittel, Pestizidrückstände und in der Lagerhaltung angewandte Giftstoffe durchdringen die damit behandelten Nahrungsmittel und gelangen so in den menschlichen Organismus. Die konventionelle Landwirtschaft wird maßgeblich von der chemischen Industrie gesteuert. Früher als Segen gepriesen, entpuppt sich die chemische Revolution mehr und mehr als Fluch für die Menschheit.

Der ökologische Landbau ist ein Versuch, die Auswüchse und Versäumnisse der konventionellen Landwirtschaft zu korrigieren. Die geringere Belastung biologischer Produkte mit Pestiziden und Nitrat ist mittlerweile allgemein anerkannt. Das ganze Korn und daraus hergestellte Vollkornprodukte werden jedoch oftmals pauschal verurteilt, weil sich angeblich auf der äußeren Fruchtschale des ganzen Korns mehr Schwermetalle ablagern als in den raffinierten, von den Randschichten befreiten Auszugsprodukten. Dies trifft nur bedingt zu. Sowohl im vollen Korn, als auch in Auszugsprodukten ist eine kritisch hohe Konzentration von Cadmium nachweisbar. Cadmium wird in erster Linie über die Wurzel der Pflanze aufgenommen und im Getreidekorn gleichmäßig verteilt. Die Verarbeitung des Korns zu Auszugsprodukten bringt hinsichtlich einer Cadmiumreduzierung daher keine nennenswerten Vorteile. Untersuchungen ergaben, daß das volle Korn lediglich mit Bleirückständen höher belastet ist. In den Randschichten konnten teilweise erheblich höhere Bleiwerte gemessen werden als im Mehlkörper. Dennoch erscheint dieser Umstand nicht so gravierend, um fortan auf den Verzehr von Vollkornprodukten zu verzichten - die ernährungsphysiologischen Vorzüge des vollen Korns überwiegen bei weitem.

**Vorteile der getreidezentrierten Ernährung**

Aufgrund des ausgewogenen Nährstoffreichtums bietet Getreide als eines der wenigen Nahrungsmittel fast alle zur Erhaltung des Organismus notwendigen Nähr- und Wirkstoffe. Für einen erwachsenen Menschen ist es durchaus möglich, sich über einen längeren Zeitraum ausschließlich von Getreide zu ernähren, vorausgesetzt, es wird in seiner vollwertigen Form verzehrt. Die verschiedenen Getreidearten verfügen über eine ausreichende Menge an Kohlenhydraten, Eiweißbausteinen und Fettsäuren sowie über die wichtigsten Vitamine, Mineralstoffe und Spurenelemente.

Getreide wird dennoch häufig immer noch als bloßer Kohlenhydratlieferant angesehen. Dabei enthält es je nach Art zwischen 7 und 14 % hochwertiges Eiweiß und trägt damit wesentlich zur Eiweißversorgung des Menschen bei. Die Hälfte der Welteiweißversorgung wird durch Getreideeiweiß gedeckt. Das Getreideeiweiß steht in seiner biologischen Wertigkeit allerdings hinter tierischem Eiweiß zurück. Den meisten Getreidearten mangelt es an einzelnen essentiellen Aminosäuren, insbesondere an Lysin. Wird Getreide jedoch mit anderen Lebensmitteln, z.B. mit Hülsenfrüchten, Sojaprodukten oder Nüssen, kombiniert, erhält man leicht eine ebenso hohe oder noch höhere Wertigkeit als bei tierischem Eiweiß.

Auch Fett findet sich im Getreide, zwar in kleinen, aber dennoch nicht unbedeutenden Mengen. Hafer und Hirse enthalten beispielsweise 5 bis 6 % Fett. Fette konzentrieren sich vorwiegend im Keimling und setzen sich größtenteils aus hochwertigen ungesättigten Fettsäuren zusammen.

Besonders reich ist Getreide an Vitaminen und Mineralstoffen. Diese Wirkstoffe sind vorwiegend in den Randschichten des Korns und im Keimling zu finden. An erster Stelle seien die Vitamine des B-Komplexes genannt, allen voran das für den Abbau von Stärke und Zucker besonders wichtige Vitamin B1. An Mineralstoffen sind insbesondere Kalium, Eisen, Phosphor, Fluor, Magnesium, Kupfer und Mangan enthalten.

Hervorzuheben sind die ebenfalls vornehmlich in den Randschichten des Korns konzentrierten Faser- und Ballaststoffe. Ballaststoffe wirken sich günstig auf die Verdauungstätigkeit aus. Die darin enthaltenen Quell- und Schleimstoffe vermögen es, die Verdauungsvorgänge zu normalisieren und Verstopfungen vorzubeugen. Neben den Verdauungsorganen werden durch ballaststoffreiche Körner auch die Zähne voll beansprucht.

Getreide verfügt über eine sehr hohe Nährstoffdichte. Es enthält lediglich etwa 15 % Wasser, die restlichen 85 % bestehen aus Nähr- und Wirkstoffen. Bei den meisten anderen Nahrungsmitteln ist dieses Verhältnis umgekehrt: Kartoffeln, Gemüse, Früchte und Fleisch bestehen vornehmlich aus Wasser und verfügen lediglich über 10 bis 30 % an Nährstoffen. Deshalb wirkt Getreidekost äußerst sättigend. Der geringe Wassergehalt ist gleichzeitig die Voraussetzung für die gute Haltbarkeit und Lagerfähigkeit des Getreides.

**Tips zur sachgerechten Zubereitung von Getreide**

Vor dem Kochen empfiehlt es sich, das Korn zu waschen und 3 bis 8 Stunden einzuweichen. Einweichen verkürzt die Kochzeit, spart Energie und schließt das Getreide für die Verwertung besser auf. Beim Vorquellen wird ein Stoff namens Phytin inaktiviert, der die Aufnahme bestimmter Mineralstoffe wie Calcium und Magnesium behindern kann.

Die Körner werden sodann mit dem Einweichwasser aufgekocht. Die Menge des benötigten Wassers variiert je nach Getreideart und beträgt in der Regel die zwei- bis dreifache Menge des Getreides. Das aufgekochte Getreide soll auf kleiner Flamme lediglich leicht köcheln; je schwächer es kocht, desto mehr Wasser nehmen die Körner auf.

Um das Getreide vor dem Kochen noch besser aufzuschließen, kann es nach dem Einweichen noch gedarrt werden. Die feuchten, gut abgetropften Körner werden dabei flach auf ein Backblech ausgelegt und im Backofen bei niedriger Temperatur (60 bis 80° C) 30 bis 45 Minuten gedarrt. Die Körner nehmen während des Darrens eine intensivgelbe bis goldene Farbe an. Sie sollten aber nicht braun oder geröstet sein. Das leichte Darren der feuchten Körner verhilft diesen zu einem duftenden Aroma und macht sie leichter verdaulich. Sie kleben beim anschließenden Kochen nicht so zusammen, so daß auch Reis, Hirse oder Buchweizen locker, körnig und dennoch schön weich werden.

Nach dem Einweichen, Darren und Kochen kann das Getreide auf einer Wärmestreuplatte, in einer Kochkiste oder einfach mit einem dicken Handtuch umwickelt noch etwas nachgequollen werden, um so völlig auszugaren.

Kontrovers diskutiert wird, inwieweit rohes Getreide, z.B. daraus hergestelltes Frischkornmüsli oder Gewürzschrote, dem verbackenen, zu Flocken verarbeiteten oder gekochten Korn vorzuziehen ist. Frischkorn ist von seinem Nähr- und Wirkstoffgehalt sicherlich die optimale Form der Getreidekost. Jede weitere Verarbeitungsstufe, sei es Backen oder Kochen, verschlechtert das Nährstoffgefüge.

Andererseits darf nicht übersehen werden, daß durch das Kochen oder durch eine andere Wärmezufuhr die Körner besser aufgeschlossen und deren Stärke und Eiweiß leichter verdaulich gemacht werden. Der Weg der Mitte, teils Frischkorn, teils gekochtes Korn, mag wie so oft die beste Lösung sein. Eines steht zumindest fest: mit dem vollen Korn liegen Sie immer richtig.

# Getreidearten

Seit der Mensch begann, Ackerbau zu betreiben, hat sich zwischen ihm, den klimatischen Bedingungen und dem bevorzugten Getreide eine umfassende Beziehung herausgebildet. Hafer gedeiht beispielsweise vorzüglich im Seeklima Nordeuropas; Gerste wird wegen ihrer besonderen Widerstandskraft bevorzugt in bergigen Lagen angebaut; Reis benötigt viel Wasser; Hirse braucht trockenen und Dinkel kalkhaltigen Boden. Jede Getreideart hat auch ihre spezifische Wirkung auf den menschlichen Organismus. Hafer gibt Kraft, Weizen fördert den Nervenbereich, Reis entwässert den Körper, und Roggen stärkt die Verdauungstätigkeit.

Die Getreidearten lassen sich in Spelzgetreide und sogenanntes Nacktgetreide einteilen. Das Korn von Hafer, Gerste, Hirse und Reis ist von festen Spelzen umschlossen und zum Teil gar damit verwachsen. Die Spelzen müssen vor der Verarbeitung entfernt, das Korn muß entspelzt oder geschält werden. Erntereife Weizen-, Roggen- und Maiskörner fallen dagegen fast von selbst aus den Spelzen heraus.

Alle geschälten Getreidekörner sind dennoch in ihrem Nährstoffgehalt vollwertig. Es werden lediglich nicht verdauliche Spelzen entfernt. Eine Ausnahme bildet die Gerste, deren Spelzen so mit dem Korn verwachsen sind, daß bei deren Entfernung das Korn, u.a. der Keimling, beschädigt wird. Entspelzte Gerste ist nicht mehr keimfähig. Die Keimfähigkeit dient als Indiz für die Vitalität des Korns.

## Weizen

Die verschiedenen Getreidearten ähneln sich im Aufbau des Korns. Das Weizenkorn setzt sich im wesentlichen aus dem Mehlkörper, dem Keimling und der Kleie- und Aleuronschicht zusammen.

- Der Mehlkörper ist das Innere des Korns. Er besteht zu 70 % aus Kohlenhydraten in Form von Stärke sowie zu 8 bis 14 % aus Eiweiß. Das Eiweiß des Mehlkörpers wird gewöhnlich auch als Klebereiweiß bezeichnet.

- Der Keimling liegt am Rande des Mehlkörpers. Er enthält das ganze Aufbaumaterial für eine neue Pflanze und ist äußerst nährstoffreich. Im Keimling finden sich etwa 25 % Eiweiß mit einem hohen Gehalt an essentiellen Aminosäuren. Neben 10 % Fett mit zum Teil hochungesättigten Fettsäuren konzentrieren sich darin auch Vitamine der B-Gruppe, Vitamin E und verschiedene Mineralstoffe und Spurenelemente. Der Keimling enthält zehnmal mehr Vitamin E und fünfmal mehr Vitamin B1 als der Mehlkörper.

**Zusammensetzung des Weizenkeimlings**

| | |
|---|---|
| Eiweiß | ca. 25 % |
| wasserlösliche Kohlenhydrate | ca. 30 % |
| Stärke | 0 % |
| Ballaststoffe | ca. 10 % |
| Fett | ca. 10 % |
| Mineralstoffe | ca. 4 % |
| Wasser | ca. 15-20 % |

*Quelle: B. Thomas, Vollkorn bietet mehr, Bad Homburg 1986*

- Die Aleuronschicht umschließt den Mehlkörper und ist ernährungsphysiologisch von ähnlich hochwertiger Zusammensetzung wie der Keimling.

- Die Kleieschicht schließlich umfaßt die äußere und innere Fruchtschale sowie die Samenschale des Korns. Diese Randschichten sind besonders reich an verdauungsfördernden Ballaststoffen. Wird das Korn zu Auszugsmehl raffiniert, werden auch die Aleuronschicht und der Keimling zur Kleie gerechnet. Kleie verfügt von daher über eine geballte Kraft an Nähr- und Wirkstoffen.

Weizen, bereits in der Antike das beliebteste Getreide, spielte in Mitteleuropa bis ins letzte Jahrhundert hinein eine relativ untergeordnete Rolle. In Deutschland wurden bis dahin vornehmlich Hafer und Roggen verzehrt. Binnen eines Jahrhunderts entwickelte sich dann Weizen weltweit zur vorherrschenden Getreideart. Weizen wird heute in allen Erdteilen kultiviert. Hauptanbauländer sind die Sowjetunion, USA, China und Indien. Überschüsse und damit Exporte werden vor allem in den USA, Kanada, Australien und Frankreich erzielt.

Der heutige Verbreitungsgrad des Weizens läßt sich in erster Linie durch die Methoden der modernen Landwirtschaft erklären. Durch Kunstdünger konnten die Erträge im Laufe der letzten hundert Jahre um ein Vielfaches gesteigert werden. Von allen Getreidearten bringt Weizen mit derzeit durchschnittlich 55 Doppelzentnern die höchsten Hektarerträge. Obwohl der Weizenanbau an sich ein mildes Klima benötigt und hohe Ansprüche an den Boden stellt, führt eine geeignete Zuchtauswahl zu seiner immer größeren Verbreitung, so daß andere Getreidearten mehr und mehr verdrängt werden. Indien, eigentlich ein klassisches Reisland, ist heute bereits eines der größten Weizenländer, und selbst in Afrika wird inzwischen Weizen kultiviert.

Die überragende Stellung des Weizens ist neben der hohen Ertragslage nicht zuletzt auch durch verarbeitungstechnische Vorzüge bedingt. Durch das kleberhaltige Eiweiß im Mehlkörper nimmt der Weizen unter den Getreidearten eine Sonderstellung ein. Das Klebereiweiß verleiht dem Weizen außerordentlich gute Backfähigkeiten, was die Voraussetzung für die Verarbeitung zu Brot ist. Der Kleber selbst ist von gummiähnlicher, elastischer Beschaffenheit. Er läßt sich durch Auswaschen der Stärke und Kleie zu sogenanntem Gluten isolieren. Klebereiweiß hat eine geringere biologische Wertigkeit als das im Keimling und der Aleuronschicht enthaltene Eiweiß. Da bei Vollkornprodukten jedoch das ganze Korn verarbeitet wird, spielt dieser Umstand nur bei Auszugsmehl eine Rolle.

Eine besonders kleberhaltige Weizenart ist der sogenannte Saat- oder Weichweizen (Triticum aestivum). Saatweizen wird vornehmlich in Mitteleuropa, der Sowjetunion und Nordamerika kultiviert und ist heute das vorherrschende Brotgetreide. Eine zweite bedeutsame Weizenart ist der Hartweizen (Triticum durum). Hartweizen gedeiht vorwiegend in wärmeren Klimazonen, in Europa wird er vor allem in Frankreich und Italien angebaut. Er ist weniger gut zum Verbacken geeignet. In Indien und Pakistan werden daraus Fladenbrote, sogenannte Chapatis, gebacken. Aus Hartweizen gewonnener Hartweizengrieß läßt sich jedoch hervorragend zur Herstellung von Teigwaren verwenden. Italienische Spaghetti und Makkaroni sind nicht zuletzt durch die gute Qualität des italienischen Hartweizens berühmt.

**Vitamin- und Mineralstoffgehalt von Weizen**

| | ganzes Korn | Mehl Type 405 | Verlust in % |
|---|---|---|---|
| Ballaststoffe | 9,80 g | 0,49 g | 85 |
| Vitamin B1 | 0,23 mg | 0,06 mg | 88 |
| Vitamin B2 | 0,14 mg | 0,03 mg | 79 |
| Vitamin B6 | 0,44 mg | 0,18 mg | 59 |
| Vitamin E | 3,20 mg | 2,30 mg | 28 |
| Kalium | 502,00 mg | 108,00 mg | 78 |
| Calcium | 43,70 mg | 15,00 mg | 66 |
| Eisen | 3,30 mg | 1,90 mg | 41 |

*Quelle: Von Koerber/Männle/Leitzmann, Vollwert-Ernährung*

Ernährungsphysiologisch bedenklich ist die Verarbeitung des überwiegenden Teils des direkt als Nahrung genutzten Weizens zu weißen Auszugsmehlen. Dabei dürften die früher durch den Verzehr von hellem Weizenmehl üblichen Sozialprestige-Vorteile sicherlich keine nennenswerte Rolle mehr spielen.

Dennoch wird Weizen mit Hilfe der modernen Müllerei heute zu immer feinerem Mehl ausgemahlen, womit sich immer neue und ausgefallenere Anwendungsmöglichkeiten erschließen. Ausgesiebtes Weizenmehl ohne den fettreichen Keimling und die kleiehaltigen Randschichten ist lagerstabil und industriell leicht zu handhaben. Die durch die fehlenden Ballaststoffe bedingte leichtere Bekömmlichkeit scheint zudem den Verbraucherwünschen weitgehend entgegenzukommen. Obwohl die ernährungsphysiologischen Vorzüge von Vollkornprodukten mittlerweile weiten Teilen der Bevölkerung bekannt sind, tut dies dem Konsum von Weißmehlerzeugnissen bislang keinen nennenswerten Abbruch. In einer konventionellen Bäckerei werden 80 bis 95 % aller Backwaren aus weißem Weizenmehl hergestellt.

**Roggen**

Der ursprünglich in Kleinasien und Persien beheimatete Roggen ist eine relativ junge Getreideart, die anfänglich als Unkraut, das zwischen dem Weizen wuchs, verkannt wurde. Der Anbau von Roggen wurde erstmals in der Steinzeit nachgewiesen. Bei den Völkern Nord- und Osteuropas, den Kelten, Germanen und Slawen, gehörte Roggen bald zu den bevorzugten Getreidearten. Obgleich Roggen an den Boden keine hohen Ansprüche stellt und auch in Mittelgebirgslagen bis zu 2.000 m Höhe gut gedeiht, geht sein Anbau immer mehr zurück. Die Hektarerträge liegen deutlich niedriger als bei Weizen. Von den sieben Getreidearten liegt der Roggenanbau flächenmäßig an letzter Stelle.

Dennoch ist Roggen neben dem Weizen in Mitteleuropa das wichtigste Brotgetreide. Das nur in diesen beiden Getreidearten in ausreichendem Umfang enthaltene Klebereiweiß gibt dem Brot Halt und Elastizität. Durch das stärkere Quellverhalten der Ballaststoffe im

Roggen werden lediglich die teigphysikalischen Eigenschaften etwas eingeschränkt. Roggeneiweiß klebt nicht so zusammen und kann nicht als Gluten isoliert werden. Roggen wird vornehmlich zu herzhaften Sauerteigbroten verbacken, denn Sauerteig ergänzt sich gut mit dessen arttypischem Aroma. Die gesäuerte und längere Teigführung hilft mit, bestimmte im Roggen enthaltene Mineralstoffe besser zu verwerten.

Zwar enthält Roggen weniger Eiweiß als Weizen, sein Lysingehalt ist jedoch wesentlich höher, und zudem besitzt er eine bessere biologische Wertigkeit als der Weizen. Auch enthält Roggen mehr Calcium und Fluor, jedoch etwas weniger B-Vitamine. Durch seine kräftige Natur stellt Roggen größere Anforderungen an die Verdauungsorgane. Stärkearten wie Stachyose und Raffinose machen ihn etwas schwerer verdaulich, was unter Umständen zu vermehrten Blähungen führen kann. Bei entsprechender Gewöhnung wirkt Roggen kräftigend auf das Verdauungssystem.

Ein Problem, das mit Roggen immer wieder in Verbindung gebracht wird, ist das **Mutterkorn**, ein giftiger, Alkaloide enthaltender, kornähnlicher Pilz. Mutterkorn gedeiht vorwiegend in nassen Jahren auf den Fruchtknoten junger Roggenblüten, gelegentlich auch auf Weizen und Gerste. Die violett-braunen bis violett-schwarzen, leicht gebogenen Mutterkörner entwickeln sich dabei anstelle eines normalen Roggenkorns. Bevor das Getreide voll ausgereift ist, fallen sie ab auf den Boden und überwintern dort. Im Frühjahr keimen sie aus, bilden einen Fruchtkörper, der schließlich aufplatzt. Die Sporen werden dann durch den Wind wieder auf die Roggenblüte geweht und durchwuchern erneut den Fruchtknoten, um letztlich zu einem neuen Mutterkorn heranzureifen.

Gelangt Mutterkorn über den Getreideverzehr in den Verdaungstrakt, können schwerwiegende Schäden die Folge sein. Gängige Symptome sind Störungen des Nervensystems, Sprachverlust, Gliederschmerzen, Brandblasen und starker Juckreiz, was früher als

„Kribbelkrankheit" bekannt war. Epidemieartige Vergiftungswellen forderten im Mittelalter viele Todesopfer.

Der Besatz von Mutterkorn spielt heute so gut wie keine Rolle mehr. Grund dafür ist, daß das Getreide in modernen Reinigungsanlagen gesäubert wird. Sollten sich dennoch ab und an ein paar Mutterkörner im Roggen finden, so sind diese leicht erkennbar und können von Hand ausgelesen werden. Im Getreide wird als Höchstgrenze ein Besatz von 0,1 % geduldet, d.h. in 100 g Roggen dürfen demnach höchstens drei Mutterkörner enthalten sein.

**Triticale**

Triticale ist eine Kreuzung von Weizen und Roggen. In jahrzehntelangen Züchtungsexperimenten wurde versucht, die wesentlichen Vorzüge beider Getreidearten miteinander zu kombinieren: Roggen stellt geringere Ansprüche an den Boden und verfügt über die bessere Eiweißqualität; Weizen bietet höhere Erträge und besitzt die besseren Backeigenschaften. Ergebnis dieser Bemühungen ist ein Korn, das die Vorteile beider Arten miteinander zu verbinden versucht. Die Backqualität bleibt allerdings weit hinter der des Weizens zurück. Wenn auch Triticale als züchterische Glanzleistung angesehen werden muß, ist dem neuen Korn sowohl im konventionellen als auch im naturköstlichen Bereich bislang nur mäßiger Erfolg beschieden.

**Dinkel und Grünkern**

Dinkel ist eine alte Kulturform des Saatweizens. Er war bereits den Alemannen auf der Schwäbischen Alb bekannt, wo er als Hauptgetreidefrucht kultiviert wurde. Das auch als Schwabenkorn bezeichnete Getreide behielt seine Wertschätzung bis ins Mittelalter bei.

Für die im 12. Jahrhundert lebende Benediktiner-Nonne und Mystikerin Hildegard von Bingen war Dinkel das Getreide an sich. Zu den Küchengeheimnissen der Heiligen Hildegard zählte sogenanntes

Habermus, ein als lebensspendend angesehenes Frühstücksgericht aus grobem, in Milch aufgekochtem Dinkelschrot.

Im Unterschied zu Weizen ist das Dinkelkorn fest von Spelzen umschlossen und muß somit entspelzt werden. Es wird daher auch als Spelt oder Spelzweizen bezeichnet.

Dinkel verfügt über einen hohen Anteil an Klebereiweiß und eignet sich vorzüglich zur Brotverarbeitung. Dinkelbrot ist äußerst bekömmlich und hat einen leicht nußartigen Geschmack. Aus dem Korn lassen sich zudem schmackhafte Kekse, Teigwaren und Flocken herstellen.

Dinkel wird jedoch hauptsächlich zu Grünkern verarbeitet. Grünkern ist keine eigenständige Getreideart, sondern ein in der sogenannten Milchreife geernteter Dinkel. Es wird berichtet, daß die Grünkernzubereitung auf einen Zufall zurückgeht. Vor gut 200 Jahren erlebten die Bauern in Süddeutschland mehrere schlechte Ernten in Folge. Als durch Hagelschlag und anhaltende Regenfälle abermals mit einer drohenden Mißernte zu rechnen war, schnitten sie den Dinkel unreif, ehe er ihnen auf den Feldern gänzlich verfaulte. Die Ähren wurden vorsichtig über dem Feuer getrocknet. Das noch grüne Korn verlor dadurch an Feuchtigkeit, wurde fest und erwies sich, gekocht oder geschrotet und als Suppe zubereitet, als äußerst schmackhaft und kräftigend. Seither wurde aus der Not eine Tugend. Unabhängig von der Witterung wurde ein Teil des noch nicht reifen Dinkels geschnitten und zu Grünkern verarbeitet. Heute wird Dinkel auf Holzfeuer oder auf automatischen, ölgefeuerten Darranlagen getrocknet, wodurch sein charakteristisches, würziges Aroma entsteht.

Bis noch vor wenigen Jahrzehnten zählte Dinkel in Württemberg, Baden, Mittelfranken, in der deutschsprachigen Schweiz und am Voralberg zu einer geschätzten und weit verbreiteten Getreideart. Ortsnamen wie Dinkelsbühl und Dinkelacker bezeugen die ehemalige Bedeutung dieses Getreides. Seit dem Ende des 2. Weltkriegs ging die Anbaufläche jedoch rapide zurück. Unregelmäßige Ernten und vor allem die durch massiven Kunstdüngereinsatz gesteigerten Erträge des modernen Zuchtweizens brachten Dinkel und Grünkern bald ins Hintertreffen, zumal Dinkel nicht besonders auf chemische Mineraldünger anspricht. Hinzu kommt, daß die Herstellung von Grünkern äußerst arbeitsintensiv ist. Das Darren auf Holzfeuer ist eine rauchige Angelegenheit und muß während der Erntezeit rund um die Uhr durchgeführt werden - verständlich also, daß sich immer weniger Bauern dazu bereit finden. Noch vor wenigen Jahren war Dinkel ein vom Aussterben bedrohtes Getreide. Angesichts der gestiegenen Nachfrage auf dem Reform- und Naturkostmarkt konnte in den 70er Jahren jedoch wieder ein Neuanfang gemacht werden. Der Anbau kann derzeit kaum mit der Nachfrage Schritt halten. Neben den traditionellen Grünkerngebieten in Schwaben und Mittelfranken wird Dinkel heute auch im italienischen Appenin kultiviert.

Durch das Darren ist Grünkern bereits etwas aufgeschlossen und läßt sich vorzüglich als ganzes Korn zubereiten. Der Umgang in der Küche erfordert lediglich ein bißchen Mut und Phantasie. Grünkern bietet sich für eine Vielzahl herzhafter Getreidegerichte an - als knusprig gebackene Bratlinge, deftige Klöße und duftende Aufläufe ebenso wie für pikante Brotaufstriche und die altbekannte, immer wieder aufs neue begeisternde Grünkernschrotsuppe. Mit dem richtigen Pfiff zubereitet, ist Grünkern rundum eine gelungene Bereicherung der vollwertigen Küche.

**Gerste**

Die Gerste mit ihren markanten, strahlenförmigen Grannen gehört zu den ältesten Kulturpflanzen. Funde am Toten Meer und in Südanatolien weisen darauf hin, daß Gerste dort bereits im 7. und 6. Jahrtausend v. Chr. angebaut wurde. Im antiken Griechenland wurde Gerste als das bedeutendste Getreide angesehen. Heute ist ihr Anbau über den ganzen Erdball verbreitet. Die Gerste gedeiht in nahezu jeder Klimazone. Sie ist anspruchslos und widerstandsfähig und kann selbst im Himalaya in Höhenlagen bis zu 4.500 m noch voll ausreifen und gute Ernten bringen. Ihre Reifezeit ist kurz und beträgt nur 3 bis 4 Monate. Gerste wird heute bevorzugt in Skandinavien und Sibirien angebaut.

Gerste kommt in zwei Arten vor: als Spelzgerste und als Nacktgerste. Verbreiteter ist die Spelzgerste, deren Spelzen fest mit dem Korn verwachsen sind; diese müssen nach der Ernte entfernt werden. Beim Entspelzen wird das Korn erheblich beschädigt, und auch der Keimling wird dabei zerstört. Die Körner werden zwischen rotierenden Zylindern verrollt, wobei die herausragenden Kornenden, der Keimling und die Kornbreitseiten abgeschliffen werden. Das Ergebnis ähnelt rundgeschliffenen kleinen Kügelchen.

Wird die Gerste besonders stark geschliffen, erhält man Graupen. Ihrer runden Form wegen werden sie auch Perl- oder Rollgerste genannt. Graupen haben nur noch in der Bauchfurche einen Rest von Spelz. Sie sind kein vollwertiges Korn mehr. Ihr Nähr- und Wirkstoffgehalt ist im Vergleich zum ganzen Gerstenkorn wesentlich reduziert. Auch aus Spelzgerste hergestellte Gerstengrütze ist nicht mehr vollwertig. Dennoch nimmt der Anbau der Spelzgerste unter den Getreidearten eine bedeutende Stellung ein. Ein ständig wachsender Teil wird als sogenannte Braugerste zur Bierherstellung verwendet.

Nackt- oder Sprießkorngerste dagegen ist frei von Spelzen. Auch sie wird bereits seit der Steinzeit kultiviert, liefert im Vergleich zur Spelzgerste jedoch erheblich geringere Erträge und wird verhältnismäßig wenig angebaut.

Gerste dient allerdings nur zu einem verschwindend kleinen Teil direkt als Nahrung für den Menschen. Der überwiegende Teil der Ernte wird als Mastfutter in der Geflügel- und Schweinezucht verwendet. Daneben wird ein nicht unbeträchtlicher Teil zur Gewinnung alkoholischer Getränke verwendet, insbesondere für Bier und Whisky.

# Nährstoffgehalt des Getreides

| | Angaben in g | | | Mineralstoffe Angaben in mg | | | | | | | Vitamine Angaben in mg | | | |
|---|---|---|---|---|---|---|---|---|---|---|---|---|---|---|
| | **Eiweiß** | **Fett** | **KH** | **Na** | **K** | **Ca** | **P** | **Mg** | **Fe** | **F** | **E** | **B1** | **B2** | **Niacin** |
| **Weizen** | 11,4 | 2,0 | 60,2 | 8 | 502 | 44 | 406 | 147 | 3,3 | 0,09 | 1,6 | 0,50 | 0,14 | 5,1 |
| **Roggen** | 8,7 | 1,7 | 53,5 | 4 | 510 | 64 | 373 | 120 | 4,6 | 0,15 | 2,0 | 0,35 | 0,17 | 1,8 |
| **Gerste** | 10,6 | 2,1 | 57,7 | 18 | 444 | 38 | 342 | 114 | 2,8 | 0,12 | 0,6 | 0,43 | 0,18 | 4,8 |
| **Hafer** | 12,6 | 7,1 | 61,2 | 8 | 355 | 79 | 342 | 129 | 5,8 | 0,10 | 1,0 | 0,52 | 0,17 | 2,4 |
| **Hirse** | 10,6 | 3,9 | 69,0 | 3 | 430 | 20 | 310 | 170 | 9,0 | 0,04 | 0,1 | 0,26 | 0,14 | 1,8 |
| **Reis** | 7,4 | 2,2 | 74,6 | 10 | 150 | 23 | 325 | 157 | 2,6 | 0,06 | 1,2 | 0,41 | 0,09 | 5,2 |
| **Mais** | 9,2 | 3,8 | 65,2 | 6 | 330 | 15 | 256 | 120 | 1,5 | 0,06 | 2,2 | 0,36 | 0,20 | 1,5 |
| **Buchweizen** | 10,0 | 1,7 | 71,3 | 2 | 324 | 21 | 254 | 85 | 3,2 | 0,17 | 1,3 | 0,26 | 0,15 | 2,9 |
| **Quinoa** | 16,2 | 6,9 | 63,9 | - | - | 141 | 449 | - | 6,6 | - | - | - | - | - |
| **Amaranth** | 16,0 | 6,0 | 60,0 | - | - | 490 | 470 | - | 11,3 | - | - | 0,14 | 0,34 | 0,5 |

*Quellen: Cremer, Die große GU-Nährwert-Tabelle, Neuausgabe 1990/91*
*Theurer Wood, Quinoa, East West Journal Nr. 4/1985*
*Allos Amaranth-Broschüre*

*- = es liegen keine Daten vor*

Lediglich im Reform- und Naturkostbereich konnten sich Gerste und daraus hergestellte Produkte eine kleine Nische bewahren. Aufgrund des vollwertigen Charakters wird in erster Linie Nacktgerste gehandelt. Als ganzes Korn gekocht empfiehlt sie sich vor allem als kräftige Suppeneinlage, zu Eintopfgerichten und zu pikanten Aufläufen.

Gerste ist kein eigentliches Brotgetreide. Sie enthält fast kein Klebereiweiß und ist daher zum Backen recht ungeeignet, da sie die Brotkrume zäh und trocken macht. Erst mit Backferment als Triebmittel läßt sich Gerste bis zu einem bestimmten Prozentsatz auch zur Brotherstellung verwenden; sie ist ein wertvoller Bestandteil von Mehr- oder Vierkornbroten.

Eine wachsende Bedeutung für die Vollwerternährung gewinnt Gerste heute vor allem durch die Verarbeitung zu verschiedenen Nährmitteln wie Grütze, Flocken, Thermogetreide, Kinderbrei und Malzextrakt. Das sogenannte Mälzen ist eine Besonderheit der Gerste.

Beginnt das Gerstenkorn zu keimen, werden Stärke und Eiweiß zu zuckerhaltigem Malz abgebaut. Das süße Gerstenmalz wird als Alternative zu Zucker und als Kräftigungsmittel für Kranke und Kinder hoch geschätzt. Ein anderes Produkt aus Malz ist Malzkaffee, der durch Rösten der gekeimten Gerste gewonnen wird. Der recht wohlschmeckende Malzkaffee ist vom koffeinhaltigen Bohnenkaffee erst vor wenigen Jahrzehnten verdrängt worden. Der Umwandlungsprozeß von Stärke zu Malz spielt auch bei der Bierherstellung eine Rolle.

Gerste verfügt über medizinische Qualitäten. Darin enthaltene Schleimstoffe wirken lindernd bei Magen- und Darmerkrankungen. In England dient eine Abkochung der Körner, das sogenannte Barley Water, als Hausmittel bei Erkältungen.

Schließlich sei noch auf eine ganz besondere Gerstenart aufmerksam gemacht: auf die japanische Hato mugi. Es handelt sich dabei um eine überaus wohlschmeckende Wildform der Gerste, die sich vorzüglich als Suppeneinlage eignet. In Japan werden ihr bestimmte

Heilwirkungen nachgesagt. Doch Vorsicht, das Pfund Hato mugi kostet etwa 20 DM.

**Hafer**

Hafer war das Nahrungsmittel der Germanen. Von den Römern, die schon damals den Weizen bevorzugten, wurden die Germanen etwas geringschätzig als „Haferfresser“ verspottet. Das nahrhafte Korn blieb bis ins Mittelalter hinein die Hauptkörnerfrucht Mittel- und Nordeuropas, bis es schließlich von der Kartoffel und den Brotgetreiden Weizen und Roggen verdrängt wurde. In Deutschland hielt sich die Hafergrütze als Frühstücksnahrung bis ins 19. Jahrhundert hinein. Die Engländer wissen heute noch ihren Porridge zu schätzen.

Hafer ist ein Spelzgetreide, das wie die Gerste von den unverdaulichen Spelzen befreit werden muß. Ähnlich der Spelzgerste kann das Haferkorn bei nicht sachgerechter Entspelzung leicht beschädigt werden, wodurch die Fettsäuren oxidieren können und dadurch ranzig und bitter werden. Um diesem Prozeß vorzubeugen, wird Hafer vor dem Entspelzen oftmals einer Hitzebehandlung unterworfen. Entspelzter Hafer ist häufig nicht mehr keimfähig.

Mit dem Nackt- oder Sprießhafer gibt es neuerdings eine spelzfreie Züchtung. Seine wirtschaftliche Bedeutung ist bislang gering, da er bis zu 30 % geringere Erträge bringt als Spelzhafer. Im Naturkosthandel wird Nackthafer dem Spelzhafer jedoch immer vorgezogen.

Im Nährwert nimmt Hafer unter allen Getreidearten eine Spitzenposition ein. Hafer ist das eiweiß- und fettreichste Getreide und besitzt auch die höchsten Anteile an Vitaminen und Mineralstoffen. Er ist besonders reich an essentiellen Aminosäuren und ist damit ein hochwertiger Eiweißlieferant. Der Fettanteil beträgt gute 7 %. Das Fett enthält überdurchschnittliche Mengen an essentieller Linolsäure. Weiterhin verfügt Hafer in nicht unbeträchtlichen Mengen über das für die Knochen- und Zahnbildung unentbehrliche Calcium. Ebenso sind überdurchschnittliche Mengen an Eisen vorhanden, daneben auch Silizium, Zink und Mangan. Besonders hoch ist zudem der Gehalt an Vitamin B1 - 100 g Hafer können bereits etwa 40 % des gesamten Tagesbedarfs decken. Bedingt durch den hohen Fettgehalt findet sich im Hafer auch viel Vitamin E.

Die im Hafer konzentrierten Nähr- und Wirkstoffe machen dieses Getreide besonders für das heranwachsende Kind zu einem bedeutsamen Grundnahrungsmittel. Die seit Jahren steigende Nachfrage nach Haferflocken trägt diesem Umstand Rechnung.

Hafer ist mehr als ein bloßes Nahrungsmittel - unter den Getreidearten ist er zugleich die bekannteste Heilpflanze und von beachtlicher diätetischer Bedeutung. Wegen seiner leichten Verdaulichkeit ist Haferbrei die ideale Krankenkost. Die sehr quellreichen Ballaststoffe wirken sich besonders günstig bei Magen-Darm-Störungen und bei Durchfallerkrankungen aus. Die diätetische Wirkung wird durch heilende Schleimstoffe unterstützt. Hafer wirkt zudem regulierend bei zu hohem Blutdruck. Daneben wird ihm auch eine blutzuckersenkende Wirkung nachgesagt; er wird daher verstärkt als Diät bei Diabetes verordnet.

Hafer vermag in nicht unbeträchtlichem Maße die körperliche Leistungsfähigkeit zu steigern und wirkt sich stärkend bei sportlichen Dauerleistungen aus. Das tägliche Haferflockenmüsli soll den Aktivitätsdrang steigern, besseres Durchhaltevermögen ermöglichen und selbst das Schlafbedürfnis vermindern. Für diese Eigenschaften wird ein bestimmtes im Hafer enthaltenes Enzym verantwortlich gemacht.

### Hirse

Angeblich ist die Hirse neben der Gerste die älteste Getreideart. Ihre ursprüngliche Heimat wird in Abessinien und Ostasien vermutet. Noch im frühen Mittelalter war Hirse in ganz Europa weit verbreitet. In Deutschland war Hirse bis zum letzten Jahrhundert neben Gerste,

Hafer und Buchweizen ein beliebtes Breigetreide. Ihr Anbau ging zugunsten von ertragreicheren Getreidesorten und der Kartoffel zurück. Ortsnamen wie Hirsau und Hirsingen zeugen noch von der einstigen Verbreitung dieser Getreideart. In deutschen Supermärkten liegt Hirse paradoxerweise überwiegend als Vogelfutter aus. Als Nahrungsmittel hochgeschätzt wird dieses kleine Korn heute vor allem in Nordafrika und Asien.

Zur Familie der Hirse zählen eine Reihe recht unterschiedlicher Hirsearten. Einige Arten gleichen zarten Gräsern, andere werden 2 bis 4 m hoch und haben einen kräftigen Stamm. Manche Arten wachsen in gemäßigtem Klima, andere sind ausschließlich in den Tropen zuhause.

**Rispenhirse** ist jene Hirseart, die früher in Deutschland kultiviert wurde. Ihr Anbau spielt heute noch in den Donauländern, im Mittelmeerraum, in der Sowjetunion und vor allem in China eine Rolle. Das kleine, gelbe Hirsekorn ist von einer harten Kieselschale umgeben und muß geschält werden. Dennoch liefert sie ein vollwertiges Korn. Sie enthält allerdings kein Gluten und ist damit nicht backfähig. Rispenhirse wird in erster Linie als Breigetreide verwendet.

**Borsten- oder Kolbenhirse** ist im indogermanischen Raum seit Jahrtausenden bekannt. Eine Pflanze kann bis zu 5.000 äußerst kleine Körner beherbergen. Borstenhirse wird bei uns heute lediglich noch als Vogelfutter gehandelt.

**Perlhirse** stammt aus Afrika und ist dort eine der wichtigsten Getreidearten. Perlhirse wird in größerem Umfang auch in Indien kultiviert. Ihr Anbau weitet sich in den tropischen Regionen immer mehr aus. Aufgrund ihres geringen Wasserbedarfs gedeiht sie in Afrika bis hin zum Rand der Sahara. Die äußerst robuste und ertragsreiche Pflanze kann bis zu 4 m hoch werden. Der Fruchtstand ähnelt dem eines Maiskolben, nur ist dieser Hirsekolben mit vielen hundert kleinen perlähnlichen Körnchen besetzt. Perlhirse hat einen höheren Fett- und Eiweißgehalt als andere Hirsearten. Sie dient in erster Linie als Breigetreide, wird aber auch zu Hirsefladen verbacken. In Afrika wird daraus auch eine Art Bier hergestellt.

**Zwerghirse** (Teff) ist das wichtigste Getreide Äthiopiens. Sie braucht viel Feuchtigkeit, wächst aber noch in Höhen bis zu 2.500 m. Die gräserähnlichen Halme sind von niedrigem Wuchs und beherbergen kleine Körnchen von nur 1 bis 2 mm Länge. Im Unterschied zu anderen Hirsearten besitzt Zwerghirse Klebereiweiß und läßt sich deshalb gut zum Brotbacken verwenden.

**Sorghum**, das oftmals als eigenständiges Getreide genannt wird, umfaßt eine formenreiche Gruppe von großkörnigen Hirsearten, die vornehmlich in tropischen und subtropischen Regionen Afrikas und Asiens, neuerdings auch in Amerika, vor allem in Südamerika, kultiviert werden. Sorghum ist weltweit eine der wichtigsten Nahrungs- und Futterpflanzen. In der Repuplik Niger beispielsweise beträgt der jährliche pro-Kopf-Verbrauch 120 bis 150 kg. Vom Wuchs her dem Mais ganz ähnlich, kann Sorghum 2 bis 4 m hoch werden. Allein der riesige Fruchtstand, an dem die Körner sitzen, kann eine beachtliche Länge von bis zu einem halben Meter erreichen.

Schließlich seien noch einige besondere Arten von Sorghum erwähnt: Von der sogenannten Besenhirse werden die zähen Rispenäste zur Herstellung für Besen und Bürsten verwendet; aus der Zuckerhirse, die ähnlich dem Zuckerrohr saftige, zuckerhaltige Stengel hervorbringt, kann Sirup gewonnen werden; Sudan-Gras schließlich zählt unter den Sorghum-Arten zu den wichtigsten Futterpflanzen.

Aus der Vielzahl der Hirsearten läßt sich schließen, daß unser Körnerangebot in absehbarer Zeit um einige weitere Sorten bereichert werden wird. Von der als Vogelfutter verwendeten Borstenhirse einmal abgesehen, ist bislang lediglich die Rispenhirse im Handel. Rispenhirse aus kontrolliert biologischem Anbau wird überwiegend aus den USA importiert. Biologische Rispenhirse aus Europa ist zwar von sehr guter Qualität, wird jedoch noch nicht in ausreichenden Mengen produziert. Kleinere Anbaugebiete finden sich lediglich in Österreich, Südfrankreich und Italien.

Hirse zählt mit einem Eiweißgehalt von fast 10 % bereits zu den besonders eiweißhaltigen Getreidearten. Im Fettgehalt steht sie mit etwa 5 % nur wenig hinter dem Hafer zurück. Ihr Fluorgehalt wirkt sich günstig auf die Zahngesundheit aus. Eine Besonderheit ist schließlich der hohe Gehalt an Silicium, der Kieselsäure, welcher eine positive Wirkung auf Haut, Haare und Nägel nachgesagt wird. Da sich die Kieselsäure vornehmlich in der äußeren Schale konzentriert, wird im Naturkosthandel auch ungeschälte Hirse angeboten. Diese läßt sich jedoch nicht als ganzes Korn verzehren - die Schalen sind zu hart und können vom Organismus nicht aufgenommen und verdaut werden. Es empfiehlt sich, diese Art Hirse mit einer Getreidemühle zu feinem Mehl zu vermahlen und dieses zu Gebäck, Brei oder Fladenbrot weiterzuverarbeiten.

Hirse ist das kleinste, aber auch härteste Getreide. Trotz ihrer Festigkeit läßt sie sich jedoch bereits in zehn bis fünfzehn Minuten gar kochen und wird dabei ganz weich. Hirse kann zu schmackhaften Aufläufen, Omelettes, Puddings, Cremes und Kleingebäck verarbeitet werden. Hirseflocken eignen sich besonders gut zur Ernährung des Kleinkindes. Als glutenfreies Getreide empfiehlt sich Hirse nicht zuletzt auch bei Stoffwechselstörungen wie Zöliakie und Sprue.

### Reis

Reis gehört neben dem Weizen zu den weltweit wichtigsten Getreidearten. Die Reispflanze ist in der Lage, 20 bis 30 Seitentriebe zu bilden, die jeweils 80 bis 100 Körner tragen. Aus einem einzigen Saatkorn können so 1.000 bis 3.000 Reiskörner heranreifen. Ist es bloßer Zufall, daß dieses ertragreiche Getreide gerade in den bevölkerungsreichsten Ländern wie China, Indien, Pakistan und Indonesien heimisch ist? Nahezu die Hälfte der Weltbevölkerung, das sind rund 2 Milliarden Menschen, ernährt sich von Reis. Verglichen mit der Welternte von Weizen liegen die Reiserträge etwas hinter dem Weizen zurück. Doch im Unterschied zu Weizen, der zu einem großen Teil als Viehfutter verwendet wird, dient Reis fast ausschließlich direkt der menschlichen Ernährung. In Asien, wo etwa 90 % der Weltproduktion an Reis geerntet wird, ist dieses Getreide so bedeutsam, daß in manchen Sprachen das Wort „Reis“ mit dem Wort „Mahlzeit“ identisch ist.

Asiaten verzehren im Durchschnitt jährlich zwischen 100 und 200 kg Reis pro Person - das macht etwa 30 bis 70 % des gesamten Kalorienbedarfs aus. Demgegenüber nimmt sich der Reiskonsum in den westlichen Ländern mit weniger als 10 kg pro Jahr recht bescheiden aus. In der bürgerlichen Küche fristet Reis ein mehr als dürftiges Schattendasein. Dafür wird dieses Getreide um so mehr von einer ernährungsbewußten Minderheit als überaus nahrhaftes und bekömmliches Grundnahrungsmittel hoch geschätzt. In weiten Teilen der Naturkostszene ist Reis geradezu der Superstar unter den Getreidearten - doch nicht der weiße, polierte Uncle Ben, sondern der kernige, braune Naturreis aus kontrolliert biologischem Anbau.

Reis ist eine tropische Sumpfpflanze, die bevorzugt in heißen Klimazonen gedeiht. Bei ausreichender Bewässerung und langen, warmen Sommern liefert Reis jedoch auch außerhalb der Tropen gute Erträge. Reis ist also keineswegs ein exotisches Getreide, das ausschließlich in Asien beheimatet ist, sondern er wird auch in unseren Breiten seit Jahrhunderten erfolgreich kultiviert. Der europäische Anteil an der Welternte macht jedoch lediglich ein gutes Prozent aus.

In Europa wurde Reis erstmalig im Mittelalter angebaut, als nordafrikanische Berberstämme die Technik des Reisanbaus nach Spanien brachten. In der italienischen Po-Ebene wird Reis seit dem 14. Jahrhundert kultiviert. Heute ist Italien der größte Reisproduzent Europas. Neben der Po-Ebene entwickelte sich das Rhonedelta in der Carmargue zu einem zweiten bedeutsamen Anbaugebiet. Speziell in der Carmargue ist der Reisanbau für die Bodenqualität äußerst vorteilhaft. Durch die besonders wasserintensiven Reiskulturen wird der Boden quasi durchgespült und dadurch auf natürliche Weise entsalzt.

**Nährwertgehalt von unpoliertem und poliertem Reis (pro 100 g)**

| | Naturreis | parboiled Reis | polierter Reis |
|---|---|---|---|
| **Hauptnährstoffe in g** | | | |
| Eiweiß | 7,4 | 6,5 | 7,0 |
| Fett | 2,2 | 0,5 | 0,6 |
| Kohlenhydrate | 74,6 | 78,4 | 78,4 |
| **Mineralstoffe in mg** | | | |
| Natrium | 10 | 6 | 6 |
| Kalium | 150 | 92 | 103 |
| Calcium | 23 | 24 | 6 |
| Phosphor | 325 | 94 | 120 |
| Magnesium | 157 | 28 | 64 |
| Eisen | 2,6 | 2,9 | 0,6 |
| **Vitamine in mg** | | | |
| B1 | 0,41 | 0,44 | 0,06 |
| B2 | 0,09 | 0,03 | 0,03 |
| Niacin | 5,20 | 3,50 | 1,30 |

*Quelle: H.D. Cremer u.a., Die große GU-Nährwerttabelle, Neuausgabe 1990/91*

**Brauner und weißer Reis**

Reis ist ein Spelzgetreide. Das Reiskorn ist in eine nicht eßbare äußere Schale gehüllt. Wird diese entfernt, erhält man den sogenannten Vollreis, Naturreis oder braunen Reis. Auch Naturreis muß somit geschält oder, besser ausgedrückt, entspelzt werden. Doch im Gegensatz zum weißen Reis, der zusätzlich poliert wird, bleiben das Silberhäutchen, die darunterliegende eiweißhaltige und vitaminreiche Aleuronschicht und der fetthaltige Keimling voll erhalten. Naturreis ist also ein vollwertiges Nahrungsmittel.

Der Anteil von Naturreis spielt ernährungspolitisch jedoch eine völlig untergeordnete Rolle. Naturreis wird heute fast ausschließlich auf dem Reform- und Naturkostmarkt westlicher Länder gehandelt. Vor allem in den klassischen Reisländern wie China und Indien ist Vollreis so gut wie unbekannt. Da, wo es ihn noch gibt, gilt er eher als Zeichen für Armut. Naturreis wird weltweit zu 98 % zu weißem Reis verarbeitet. Poliert wird Reis in erster Linie aus Gründen der besseren Lagerstabilität. Nachdem die Randschichten und der ölhaltige Keimling entfernt sind, ist Reis nahezu unbegrenzt lagerfähig. In heißen subtropischen Klimazonen mag dieser Aspekt sicherlich bedeutsam sein. Die größere Lagerstabilität wird allerdings mit einem deutlichen Verlust des Nährwertes erkauft. Der Poliervorgang mindert den Nährwert ganz entschieden. Weißer Reis enthält weniger Eiweiß, so gut wie kein Fett und keine Ballaststoffe und vor allem beträchtlich weniger Vitamine und Mineralstoffe. Übrig bleibt ein für das Auge prächtig anzuschauendes weißes Reiskorn, das jedoch fast ausschließlich aus Stärke und Eiweiß besteht. Lebenswichtige Vitamine und Mineralien werden zu bloßen Abfallprodukten bzw. zu Viehfutter. In Asien ist polierter Reis nicht selten die einzige Lebensgrundlage. Die Folge davon ist oft ein akuter Mangel an Vitamin B.

Auch sogenannter parboiled oder vorgekochter Reis ist kein vollwertiges Nahrungsmittel mehr. Es handelt sich dabei um ein Verfahren, das während des 2. Weltkrieges in Amerika entwickelt wurde, um die amerikanische Armee mit nährstoffreicherem Reis zu versorgen. Der entspelzte Reis wird dabei in Wasser eingeweicht, mit Dampf erhitzt und anschließend wieder getrocknet. Die Nährstoffe, insbesondere die Vitamine, diffundieren von den Randschichten ins Innere des Reiskorns. Erst dann wird parboiled Reis geschliffen und poliert.

Der Reis wird dadurch gut lagerfähig und enthält im Vergleich zu sofort poliertem Reis deutlich mehr Vitamine und Mineralstoffe. Die ballaststoffreiche Kleie und der Keimling gehen durch das Polieren allerdings ebenfalls vollständig verloren. Auch die guten Kocheigenschaften können diesen Nachteil nicht wettmachen. Parboiled Reis wird beim Kochen schneeweiß, bleibt fest und klebt nicht.

**Reissorten**

Naturreis zeichnet sich vor allem durch seinen kernigen Biß aus und läßt den polierten, weißen Reis schon bald fade und pappig erscheinen. Doch Reis ist nicht gleich Reis. Verschiedene Sorten sorgen für verschiedene Geschmacksnuancen. Die Reisqualität ist zudem von den geographischen und klimatischen Bedingungen abhängig und ist nicht zuletzt auch eine Frage der praktischen Erfahrungen und Fähigkeiten im Reisanbau.

● **Rundkorn** ist mit etwa 5 mm Länge die kürzeste, rundlichste und härteste Reissorte. Dieser Reis enthält die meisten Mineralstoffe. Rundkornreis gibt beim Kochen besonders viel Stärke an das Kochwasser ab und wird dadurch relativ weich. Er stammt ursprünglich aus Japan und wächst heute bevorzugt in gemäßigten Klimazonen.

● **Mittelkornreis** (medium) ist nur unwesentlich länger als Rundkornreis und ist auch hinsichtlich seiner Kocheigenschaften mit diesem vergleichbar.

● **Langkornreis** ist ein schlankes Korn von 6 bis 8 mm Länge. Diese Sorte ist eher in tropischen und subtropischen Klimazonen heimisch (z.B. Patnareis in Indien). Langkornreis verfügt über ausgezeichnete Kocheigenschaften. Er ist relativ trocken, klebt nicht zusammen und hat einen ausgesprochen kernigen und doch leichten Geschmack. Da die Ernteerträge oft etwas niedriger sind als bei Rundkornreis, ist Langkornreis im Einkauf meist teurer.

● **Süßer Reis** (Mochi-Reis), ursprünglich in Japan beheimatet, wird heute vor allem in Südostasien angebaut. Er ist klebriger als Rundkornreis und wird beim Kochen außerordentlich weich. Süßer Reis eignet sich bestens zu Milchreis und Desserts. Auch japanische Spezialitäten wie Amazake, Mochi und Reiscracker werden aus ihm hergestellt. Durch die natürliche Süße dieser Sorte bedarf es nur weniger oder gar keiner zusätzlichen Süßstoffe. Bei uns gehandelter süßer Naturreis wird aus Kalifornien eingeführt.

● **Roter Naturreis** ist eine besonders robuste und widerstandsfähige Reissorte, die hauptsächlich im Trockenanbau kultiviert wird. Er wird in Asien und Afrika hauptsächlich dort angebaut, wo andere Sorten aus Mangel an Wasser nicht gedeihen kann. Das Korn ist von blaßroter Farbe. In kontrolliert biologischer Qualität wird roter Naturreis in Südfrankreich angebaut.

**Wildreis**

Botanisch gesehen zählt Wildreis nicht zur eigentlichen Reisfamilie. Es ist vielmehr ein einjähriges Wassergras, das sich im Laufe der Reifesaison selbst wieder aussät. Wildreis ist vornehmlich in dem seichten Wasser der Großen Seen an der kanadisch-amerikanischen Grenze zuhause. Dieses weitläufige Gebiet ist die ursprüngliche Heimat der Anishinabeg-Indianer, die seit mehr als 1.000 Jahren Wildreis als Grundnahrungsmittel verwenden. Traditionell wird der Reis vom Kanu aus geerntet, indem die bis zu zweieinhalb Meter hoch wachsenden Halme mit einem Stock über den Bootsrand gezogen werden. Mit einem zweiten Stock werden die reifen Körner dann von der Ähre abgeschlagen und auf dem Boden des Kanus gesammelt. Die Ernte ist sehr mühsam und bringt nur verhältnismäßig geringe Erträge. Nach der Ernte wird das grüne Korn mit Heißluft getrocknet und gedarrt, wodurch der Wildreis seine charakteristische braunschwarze Färbung erhält und einen fast nußartigen Geschmack bekommt.

Aufgrund der wachsenen Nachfrage nach der indianischen Reisspezialität stiegen seit den 60er Jahren mehr und mehr kommerzielle Farmer in das Geschäft ein und begannen, „Wildreis“ in großflächigem Maßstab anzupflanzen. Die größten Anbauflächen finden sich in Minnesota und Kalifornien. Außer dem typischen fast schwarzen und bis zu 3 cm langen Korn hat dieser „Wildreis“ allerdings nicht mehr viel mit seinem Namen gemein. Die Pflanzungen werden mit Kunstdünger und Pestiziden behandelt, die Ernte mit Mähdreschern eingefahren. Die höheren Erträge führten zu einem starken Preisverfall für traditionell handgeernteten Reis, so daß viele Indianer ihre Existenzgrundlage verloren. Mehr als drei Viertel der Wildreisernte stammen heute aus dieser Art Anbau.

Um der wachsenden Konkurrenz standzuhalten, schlossen sich die Indianer zu Kooperativen zusammen. Anstelle des Kanu wird heute mit Luftkissenbooten geerntet. Die Ernte wird zum Teil von anerkannten Verbänden des biologischen Landbaus kontrolliert. Im bundesdeutschen Naturkosthandel wird ausschließlich kanadischer Wildreis angeboten, der wild wächst und nicht mit Düngemitteln und Spritzgiften behandelt wird.

Verglichen mit anderen Reissorten verfügt Wildreis über einen höheren Nährstoffgehalt. Mit ca. 14 % enthalten die schwarzen Samen fast doppelt so viel Eiweiß wie herkömmlicher Reis. Weitaus höher liegen auch die Werte für Kalium, Zink und Eisen sowie für die Vitamine des B-Komplexes. Lediglich der Fettgehalt (0,7 %) ist etwas geringer.

Wildreis kann wie Naturreis zubereitet werden. In kleinen Mengen dem Langkornreis beigemischt, verleiht er jedem Reisgericht eine besondere Note. Während des Kochens quellen die Samen zu tannennadelähnlichen Körnern auf. Eine kanadische Spezialität sind Wildreispfannkuchen mit Ahornsirup. Dazu wird einfach eine Handvoll gekochter Wildreis in den Pfannkuchenteig gemischt. Nicht zuletzt wegen seines stolzen Preises wird Wildreis als Delikatesse gehandelt.

**Biologischer Reisanbau in Europa**

In Europa wird Reis ausschließlich im Naßanbau kultiviert. Optimale Wachstumsbedingungen setzen Temperaturen von 25 bis 30° C, lange Tage, viel Sonne und vor allem genügend Wasser voraus. Um 1 kg Reis zu ernten, werden zwischen 650 und 800 l Wasser benötigt. An den Boden stellt Reis dagegen nur wenig Ansprüche. Er gedeiht bevorzugt in schlammigem Milieu; die Nährstoffe werden hauptsächlich aus dem Wasser gezogen. Lediglich auf sandigem Boden ist ein Anbau nicht möglich, da dort zuviel Wasser versickert. Für die optimale Wassernutzung sind hundertprozentig ebene Felder notwendig. Mit speziellen Nivelliermaschinen werden die Reisfelder von den kleinsten Unebenheiten befreit.

Hauptproblem im biologischen Reisanbau sind die Unkräuter. Bereits vor der Aussaat werden die Felder oftmals mit Wasser überflutet, damit die Unkräuter keimen. Dann läßt man das Wasser ablaufen und beseitigt das Unkraut mechanisch. Auch während der Wachstumsperiode sind die Felder die meiste Zeit überflutet. Neben der Nährstoffzufuhr durch das Wasser schützt dieses den Reis zudem vor Temperaturschwankungen. Nachts bewirkt das Wasser, daß die Reispflanze nicht zu schnell abkühlt, tagsüber bewahrt es sie vor zu großer Hitze.

Gut ein halbes Jahr nach der Aussaat ist der Reis erntereif und wird mit Mähdreschern geerntet. Die Körner werden dann in Holzsilos getrocknet, so daß sie lagerfähiger sind. Um sie vor Schädlingsbefall, insbesondere vor dem Reisbohrer, zu schützen, werden sie zunächst nicht entspelzt. Naturreis wird erst kurz vor dem Verkauf von den Spelzen befreit. Die Körner wandern dabei durch zwei mit unterschiedlicher Schnelligkeit entgegengesetzt laufende Gummiwalzen.

Derzeit wird kontrolliert biologischer Naturreis in Frankreich, Italien und Spanien kultiviert. Im Rhonedelta in Frankreich kann der biologische Reisanbau bereits auf eine fast 30jährige Geschichte zurückblicken. Bewässert wird zumeist aus Nebenflüssen der Rhone, deren Wasserqualität noch etwas besser ist als die der Rhone selbst. Einzelne Reisbauern betreiben eine eigene Reismühle, was den Vorteil hat, daß alle Arbeitsgänge im eigenen Betrieb vollzogen werden können: Anbau, Trocknung, Lagerung, Entspelzen und Vertrieb.

In der italienischen Po-Ebene wird biologischer Naturreis seit Anfang der 70er Jahre angebaut. Bewässert wird teils mit Flußwasser, teils mit Wasser aus Quellen, die von der nahegelegenen Alpensüdseite gespeist werden.

Im Unterschied zur Carmargue und zur Po-Ebene liegen die spanischen Reisfelder in abgelegenen Tälern fernab von industriellen Ballungszentren. Die Felder werden mit dem Wasser eines aufgestauten Bergflusses bewässert. Dank dieser besonderen Umstände gilt der als Calasparra-Reis bekannte Rundkornreis als besonders gering mit Schadstoffen belastet. Der Reis wird zudem von kleinen Höfen mit lediglich 1 bis 3 Hektar Anbaufläche kultiviert. Diese für europäische Verhältnisse geringe Anbaufläche ermöglicht eine wirkungsvolle mechanische Unkrautbekämpfung.

Neben europäischem Naturreis werden auch kleinere Mengen aus den USA importiert. Erwähnenswert ist vor allem der amerikanische Langkornreis. Während die meisten italienischen oder französischen Sorten von der Form her eher einem Mittelkorn entsprechen, trägt amerikanischer Langkornreis diese Bezeichnung zu Recht. Das überaus schlanke Korn zeichnet sich gekocht durch einen weichen Biß und einen gleichzeitig doch kernigen Geschmack aus. Auch kontrolliert biologischer süßer Naturreis kommt bislang ausschließlich aus den USA: er wird vornehmlich im kalifornischen Sacramento Valley angebaut.

## Naturreis als Heilmittel und Diätetikum

Von allen Getreidearten ist Reis das am leichtesten verdauliche Korn. Durch seine entwässernde Wirkung wird er auch als Diätetikum geschätzt. Naturreis und insbesondere parboiled Reis sind extrem natriumarm. Natrium ist dafür bekannt, daß es im Körper Wasser bindet. Je weniger Natrium dem Körper zugeführt wird, desto weniger Flüssigkeit wird im Körper gebunden. Reis empfiehlt sich von daher bei hohem Blutdruck und Übergewicht. Ein paar Reistage sind ein wirksames Mittel, überflüssige Pfunde loszuwerden - schließlich beruht ein Teil des Übergewichtes auf der von Fett festgehaltenen Flüssigkeit.

Als vorzügliches Diätetikum empfiehlt sich Naturreis insbesondere bei Gluten-Unverträglichkeit. Für die Behandlung von Zöliakie, Sprue und in gewissem Sinne auch Neurodermitis leistet Reis unschätzbare Dienste. Von Zöliakie und Sprue betroffene Personen reagieren allergisch auf klebereiweißhaltiges Getreide wie Weizen und Roggen. Zöliakie und Sprue treten bereits im Säuglingsalter auf. Mehlhaltige Babybreie führen zu Erbrechen und Durchfall. Abhilfe ist bislang nur mit einer lebenslangen glutenfreien Diät möglich. Neben Reis sind auch Hirse, Mais und Buchweizen glutenfrei.

## Mais

Mais ist seit Jahrhunderten das klassische Getreide der Indios in Süd- und Mittelamerika. Es ist dort noch heute das wichtigste Grundnahrungsmittel. Nach der Entdeckung Amerikas brachte Kolumbus den Mais nach Europa, wo er seither insbesondere in Südeuropa zu einem geschätzten Nahrungsmittel wurde.

Mais hebt sich durch seinen gigantischen Wuchs etwas von den anderen Getreidearten ab. Die typische Ährenform fehlt, bei näherer Betrachtung stellt sich jedoch der ganze Kolben als Ähre dar. Riesenmaisarten von 4 bis 5 m Höhe bringen bis zu 40 cm lange Maiskolben hervor. Daneben gibt es auch kaum einen Meter große

Zwergarten. Während bei uns bislang ausschließlich gelbe Maiskörner bekannt sind, kultivieren die Hopi- und Navajo-Indianer im Südwesten der Vereinigten Staaten seit alters her eine Maissorte mit tiefblauen Körnern und einem süßen, nußähnlichen Aroma.

Aufgrund seiner außerordentlichen Ernteerträge wurde Mais binnen weniger Jahrzehnte weltweit die bedeutendste Futterpflanze. Etwa 70 % der Welternte werden als Viehfutter verwertet.

Ernährungsphysiologisch betrachtet steht Mais hinter den anderen Getreidearten zurück. Aufgrund seines äußerst geringen Lysingehalts hat Maiseiweiß die niedrigste biologische Wertigkeit. Daneben mangelt es ihm an dem B-Vitamin Niacin. Diese beiden Faktoren können bei einer überwiegenden Maisernährung, wie sie in einigen süd- und mittelamerikanischen Ländern üblich ist, zu ernsthaften Mangelerscheinungen, insbesondere zu Pellagra, führen. Mais enthält Niacin lediglich in fest gebundener Form, so daß es vom Organismus nicht verwertet werden kann. In Mexiko werden deshalb die Maiskörner zunächst in Kalkwasser gekocht, denn Kalk löst das Niacin und macht es für den Menschen verwertbar. Zudem verstehen es die Indios, das Eiweiß aufzuwerten, indem bei vielen Gerichten Mais und Bohnen miteinander kombiniert werden.

Als direktes Nahrungsmittel ist Mais in unseren Breiten bislang von untergeordneter Bedeutung. Dennoch spricht nichts dagegen, Mais verstärkt in unseren Speiseplan zu integrieren. An erster Stelle seien natürlich frische Maiskolben genannt, die, in Salzwasser gekocht oder leicht geröstet, geradezu eine Delikatesse sind.

Mais ist glutenfrei und läßt sich zum Backen daher nur zur Herstellung von Fladenbrot verwenden. Mexikanische Maisspezialitäten wie Tortillas, Tostados und Tacos werden neuerdings auch bei uns immer beliebter. Noch besser bekannt ist Pop Corn, eine Maissorte mit kleineren Körnern, die durch Hitze auspuffen, wobei die weiche Stärke herausquillt. Pop Corn-Mais gibt es auch in kontrolliert biologischer Qualität.

In Italien und auf dem Balkan wird Mais als Breigetreide zubereitet. Die Maiskörner werden grob geschrotet, als Polenta oder Kukuruz mit Wasser aufgekocht und nach Belieben süß oder pikant angerichtet. Zum Mahlen der äußerst harten Maiskörner ist allerdings eine gute Getreidemühle notwendig.

Eine amerikanische Erfindung sind Cornflakes und andere Frühstückscerealien. Daneben gibt es eine ganze Reihe von Knabberartikeln wie Maischips und Maiswaffeln. Konventionelle Maisprodukte, insbesondere Frühstückscerealien, sind jedoch meist nicht aus vollem Korn und werden auch oft noch mit weißem Zucker gesüßt.

Von Bedeutung ist auch der aus Mais isolierte Glukosesirup, der als Süßmittel Verwendung findet. Nicht vergessen werden sollte schließlich das aus dem Keimling gewonnene Maiskeimöl.

## Anderes Getreide

**Buchweizen**

Buchweizen trägt seinen Namen zu Unrecht; er hat nichts mit Weizen zu tun und ist kein Getreide im eigentlichen Sinn. Buchweizen wird - zusammen mit den beiden Körnerfrüchten Amaranth und Quinoa - dennoch oftmals dem Getreide gleichgestellt. Botanisch zählen diese drei Kulturpflanzen nicht zur Familie der Gräser.

Buchweizen gehört mit seinen knotig gegliederten Stengeln zur Familie der Knöterichgewächse, zu der auch Sauerampfer und Rhabarber zählen. Gräser wie Weizen oder Reis sind einkeimblättrige Pflanzen, während die Knöterichgewächse zweikeimblättrig sind.

Als die ursprüngliche Heimat des Buchweizens werden Nepal und China angesehen. Im 15. Jahrhundert kam er durch die Sarazenen als sogenanntes „Heydenkorn“ nach Mitteleuropa und gehörte in Rußland und den slawischen Ländern lange Zeit zu den Grundnahrungsmitteln. Auch in Deutschland wurde einstmals Buchweizen in größerem Umfang angebaut. In jüngster Zeit wird er in bescheidenem Maße in der Eifel kultiviert.

Buchweizen gedeiht auf relativ anspruchslosem Boden und bringt aufgrund seiner sehr kurzen Vegetationszeit von nur 10 bis 12 Wochen auch in kalten Regionen noch gute Ernten. Im Himalaya wächst er noch in Höhenlagen bis zu 3.500 m. Die kleinen, an Bucheckern erinnernden dreikantigen Körner sind in ihrer Zusammensetzung durchaus mit anderen Getreidekörnern vergleichbar. Besonders hervorzuheben ist das Eiweiß des Buchweizens. Es ist reich an Lysin, einer essentiellen Aminosäure, die in anderen Getreidearten relativ unterrepräsentiert ist. Buchweizen enthält doppelt soviel Lysin wie Weizen und besitzt eine ausgesprochen hohe biologische Wertigkeit. Er stellt eine wertvolle Ergänzung zur übrigen Getreidekost dar. Aus Buchweizen- und Weizenmehl hergestellte Teigwaren bringen eine vorzügliche Aufwertung des Weizeneiweißes.

Buchweizen ist glutenfrei und bietet sich somit als Diät bei Glutenallergien an. Das nahrhafte Korn ist gut bekömmlich und läßt sich auf vielfältige Weise zubereiten. Die ganzen Körner brauchen nur kurze Zeit zum Garen. Buchweizengrütze war einst ein beliebtes Frühstücksgericht. Die Körner lassen sich auch gut als Suppeneinlage verwenden. Eine Delikatesse sind aus Buchweizenmehl hergestellte Pfannkuchen, sogenannte Blinis.

Besonders herzhaft ist gerösteter Buchweizen, der unter dem Namen **Kasha** gehandelt wird. Das Rösten vermindert den Wassergehalt von 13 auf 8 %; Kasha ist von daher im Nähreffekt konzentriert. Durch das Rösten wird das Korn gleichzeitig bereits etwas aufgeschlossen und zeichnet sich durch einen sehr aromatischen Duft aus. Kasha kann als Ganzes gekocht werden, eignet sich ungekocht aber auch als kräftige Zugabe zum Müsli.

Buchweizen hat lediglich einen kleinen Schönheitsfehler: er ist wesentlich teurer als Getreide. Die Hektarerträge sind vergleichsweise gering. Zudem läßt er sich sehr schwer schälen, es entsteht dabei viel Bruch. Buchweizen aus kontrolliert biologischem Anbau ist hierzulande leider noch eine Rarität; der bei uns angebotene kbA-Buchweizen wird fast ausschließlich aus den USA eingeführt.

**Amaranth**

Bevor Kolumbus Amerika entdeckte, gehörte Amaranth in Süd- und Mittelamerika zu den Grundnahrungsmitteln. Die winzig kleinen Körnchen spielten im Leben der Indios eine fast ebenso bedeutsame Rolle wie Mais und Bohnen. Amaranth war zu jener Zeit so geschätzt, daß es abgabenpflichtig war. Die dem aztekischen Imperium unterworfenen Provinzen hatten davon jährlich 20.000 Tonnen Tribut an den Hof des Herrschers Montezuma zu entrichten. Amaranth genoß zudem mythische Verehrung und war im religiösen Kult der Indios tief verwurzelt. Aztekische Frauen vermischten die gemahlenen Körner mit Honig und menschlichem Blut und formten daraus Schlangen, Vögel und Götterfiguren, die während der rituellen Zeremonien in den Tempeln verzehrt wurden.

Nach der spanischen Eroberung durch Hernando Cortez geriet Amaranth fast in Vergessenheit. Gerade die Verwendung zu rituellen Menschenopfern bewegte Cortez dazu, Anbau und Handel von Amaranth unter Todesstrafe zu stellen. Dennoch überlebte das Korn. Amaranth wird heute, wenn auch lediglich in bescheidenem Umfang, im unzugänglichen mexikanischen Bergland und in Andenländern wie Peru, Bolivien und Kolumbien kultiviert.

Das getreideähnliche Korn ist heute auch in anderen Erdteilen bekannt. Die äußerst anspruchslose Pflanze ist vorrangig im Bergland in Höhenlagen bis zu 3.000 m zuhause. Einzelne Sorten gedeihen auch in subtropischen Klimazonen, beispielsweise in Südindien und in

Westafrika. In manchen Ländern werden weniger die Samen als vielmehr die spinatartigen Blätter der Pflanze geschätzt. Die breitblättrige Pflanze treibt farbenprächtige Blüten und bringt Fruchtstände hervor, die mehr als 50.000 winzige Körnchen tragen können. Die einzelnen Samen sind mit einem Durchmesser von nur 0,9 bis 1,7 mm noch kleiner als ein Senfkorn. Die Reifezeit beträgt 4 bis 5 Monate. Geerntet wird fast ausschließlich von Hand, da die Samenstände unterschiedlich ausreifen. Die an der Sonne getrockneten Körner werden sodann ebenfalls von Hand gedroschen.

Nicht von ungefähr wird das alte Aztekenkorn heute gerade von ernährungsbewußten Verbrauchern geschätzt. Neueste ernährungswissenschaftliche Erkenntnisse bescheinigen Amaranth einen außerordentlichen Nährstoffreichtum. Amaranth zeichnet sich vor allem durch einen hohen Eiweißgehalt aus. Mit 15 bis 18 % Eiweiß übertrifft es alle anderen Getreidearten. Das Amaranth-Eiweiß gilt zudem als besonders ausgeglichen. Unter den essentiellen Aminosäuren ist es reich an Lysin, das in anderen Getreidearten meist unterrepräsentiert ist. Dafür mangelt es etwas an Leucin. Doch gerade diese Aminosäure findet sich in anderem Getreide und eiweißhaltigen Nahrungsmitteln im Überfluß. Amaranth ergänzt sich besonders gut mit Mais, Reis und Weizen. Die Zusammensetzung der Fettsäuren kann ebenfalls als hochwertig angesehen werden. Amaranth enthält überwiegend ungesättigte Fettsäuren, darunter auch Linol- und Linolensäure. Der außerordentliche Nährstoffreichtum wird vervollständigt durch einen hohen Calciumgehalt (ca. 490 mg/100 g) und überdurchschnittliche Mengen an Eisen, Vitamin A und C sowie an Faserstoffen.

Die Verwendung der kleinen Körnchen ist recht vielseitig. Das ganze Korn wird gekocht als Beilage zu Gemüse verwendet. Es ist von herzhaft-kräftigem Geschmack, der durch Mischen mit anderem Getreide variiert und abgeschwächt werden kann, vorzugsweise mit süßem Naturreis. Darüber hinaus bietet sich Amaranth als schmackhaftes Frühstücksgetreide an. In gepufferter Form hat es bereits auch in Fertigmüslimischungen Eingang gefunden. Aus dem Mehl lassen sich Tortillas, Fladenbrote und Pfannkuchen backen. Mit Weizen- oder Roggenmehl vermischt kann daraus auch Hefe- oder Sauerteigbrot gemacht werden. Bereits auf dem Markt sind auch Amaranth-Vollkornnudeln. Reines Amaranth-Brot und Amaranth-Teigwaren sind nicht machbar, da die winzigen Körnchen fast kein Gluten enthalten, das das Ganze zusammenhalten würde. Mit etwas Übung lassen sich aus den Samen auch zarte Sprossen ziehen.

Für den Naturkostmarkt wird Amaranth größtenteils aus Mexiko importiert, in kleinem Umfang bereits auch in kontrolliert biologischer Qualität.

**Quinoa**

Während Amaranth das Korn der Azteken war, kann Quinoa (gesprochen Kin-wa) als das der Inkas bezeichnet werden. Im Hochland der südamerikanischen Anden wird Quinoa bereits seit etwa 5.000 Jahren kultiviert. Die Inkas nannten es Mutterkorn und verehrten es als heilig. Ganz ähnlich der Amaranth-Geschichte sank Quinoa nach der Zerschlagung des Inkareiches durch die Spanier fast zur Bedeutungslosigkeit herab. Doch auch Quinoa überlebte und wird heute in der ganzen Andenregion kultiviert, in größerem Umfang vornehmlich in Peru, Bolivien und Chile.

Seine Neuentdeckung verdankt Quinoa zwei Amerikanern, die Anfang der 80er Jahre das Korn in die Rocky Mountains nach Colorado verpflanzten und dort im Anbau beachtliche Erfolge erzielen konnten. Als Mother Grain ist es bereits relativ gut auf dem amerikanischen Naturkostmarkt eingeführt. Auch in Europa erfreut sich das getreideähnliche Korn immer größerer Beliebtheit.

Quinoa zählt botanisch zu den Gänsefußgewächsen. Die äußert anspruchslose Pflanze wächst in Höhenlagen bis zu 3.000 m, benötigt nur wenig Niederschlag, gedeiht noch auf sandigen Böden und verträgt selbst leichten Bodenfrost. Die kleinen gelben Körner hängen, ähnlich der Hirse, in großer Zahl am Ende des 1 bis 2 m langen Halms.

Quinoa hat ein einzigartiges Nährstoffprofil. Bezüglich seiner Inhaltsstoffe ist es durchaus mit anderem Getreide vergleichbar. Doch die wichtigsten Nährstoffe finden sich in Quinoa in noch weitaus konzentrierterer Form. Mit gut 16 % Eiweiß liegt es noch um ein paar Prozentpunkte über den eiweißhaltigsten Getreidearten. Lediglich Weizen und Hafer kommen an diesen Eiweißgehalt heran; Gerste, Reis und Mais enthalten dagegen zum Teil weniger als halb soviel. Erstaunlich ist auch die Zusammensetzung der essentiellen Aminosäuren. Quinoa ist äußerst reich an Lysin und enthält daneben auch genügend Methionin und Cystin. Die biologische Wertigkeit übertrifft selbst die Eiweißqualität der Sojabohne. Von der FAO, der Organisation für Ernährung und Landwirtschaft der Vereinten Nationen, wird das Eiweiß von Quinoa mit dem von Milchpulver gleichgesetzt.

Neben Eiweiß besticht Quinoa außerdem durch einen hohen Fettgehalt; mit fast 7 % ist es mit Hafer vergleichbar. Auch an Calcium, Phosphor und Eisen enthält Quinoa im Vergleich zu anderem Getreide überdurchschnittliche Mengen.

Die Oberfläche der kleinen Körnchen ist mit einer bitter schmeckenden Substanz, dem Saponin, bedeckt, das sich in Wasser zu einer seifenartigen Lösung auflöst. Um Quinoa genießbar zu machen, muß es vor der Verarbeitung gründlich gewaschen werden. Das seifenhaltige Waschwasser wird von den Indios als Shampoo benutzt. Im Handel erhältliches Quinoa ist bereits vorgewaschen; dennoch sollte es vor dem Kochen nochmals gründlich durchgespült werden.

Quinoa kann als ganzes Korn wie Reis oder Hirse gekocht werden. Es ist bereits nach 15 Minuten gar. Die winzigen Körner sind noch wesentlich kleiner als ein Hirsekorn, quellen jedoch während des Kochens um das 4- bis 5fache auf. Gekochtes Quinoa klebt nicht zusammen; es ist von fast transparenter Struktur und besticht durch einen vorzüglichen, leichten Geschmack. Es läßt sich wie anderes Getreide verwenden. Quinoa enthält wenig Gluten und kann daher nur zu Fladenbrot verbacken werden.

Da Quinoa und Amaranth aufgrund ihres hohen Eiweißgehalts und der Kombination ihrer Aminosäuren ernährungsphysiologisch den anderen Getreidearten überlegen sind, finden sie derzeit weltweite Beachtung. Verschiedene Länder der Dritten Welt wie Thailand, Kenia und China und natürlich einige süd- und mittelamerikanische Staaten betreiben auf Versuchsfeldern intensive Forschungsprogramme.

Ob die beiden neuen „Superkörner" in der Vollwertkost ihren Platz finden, bleibt abzuwarten. Ernährungsbewußte Verbraucher wissen bereits den außerordentlichen Nährstoffgehalt zu schätzen. Solange Amaranth und Quinoa jedoch aus Übersee bzw. aus Ländern der Dritten Welt importiert werden müssen, ist vom ökologischen und eventuell auch vom politischen Standpunkt her betrachtet einheimisches Getreide die bessere Wahl.

# Getreideprodukte

Getreide wird heute zu einer fast unüberschaubaren Zahl verschiedener Produkte verarbeitet. Neben der Verwendung zu Backwaren wie Brot, Kuchen und Kleingebäck dient es vornehmlich zur Herstellung sogenannter Nährmittel wie Teigwaren, Flocken, Grütze, Grieß, Pudding, Stärke u.a.. Industriell wird es zu Malzkaffee, Traubenzucker und Glukosesirup verarbeitet und ist auch Rohstoff für alkoholische Getränke wie Bier und Whisky. Die folgende Auswahl beschränkt sich im wesentlichen auf Getreideprodukte mit Vollwertcharakter.

## Mehl und Schrot

Jegliche Aufbereitung von Nahrung ist analytisch betrachtet immer mit einem Qualitätsverlust verbunden. So ist es auch beim Getreide. Allein das Mahlen des Korns zu Schrot oder Mehl nimmt diesem bereits einen Teil seiner Nährkraft. Manche der im Getreide enthaltenen Stoffe sind sauerstoffempfindlich. Gleich nach dem Mahlen verbindet sich das Mehl mit Sauerstoff. Bereits nach kurzer Zeit verflüchtigen sich Aromastoffe. Darüber hinaus werden vor allen Dingen die hochungesättigten Fettsäuren in den Keimlingen durch den Oxidationsprozeß zerstört. Ein sechs Wochen gelagertes Vollkornmehl unterscheidet sich qualitativ nicht mehr allzu sehr von raffiniertem Weißmehl.

Getreide sollte immer erst kurz vor der Weiterverarbeitung gemahlen werden, und zwar nicht durch gewaltsames Zerquetschen, Zerreißen oder Zerreiben, sondern es sollte, wie schon Rudolf Steiner sagte, durch „sanfte Reibung mit sich selbst und nur leicht aufliegenden Steinen in Mehl verwandelt“ werden. Die traditionelle Mühle des

Bauern oder Müllers war daher eine Steinmühle. Heute wird das Korn in Mahlstühlen immer feiner zerlegt, bis schließlich nur noch weißes Mehl übrig bleibt.

Von vielen Naturkostfachgeschäften wird das Mahlen von Korn zu frischem Mehl oder Schrot als Serviceleistung angeboten. Für den regelmäßigen Hausgebrauch empfiehlt sich eine kleine Getreidemühle. Auf dem Weg zur vollwertigen Ernährungsweise ist sie ein unentbehrliches Küchenutensil. Vor der Anschaffung ist zu überlegen, für welche Zwecke die Mühle benutzt werden soll. Die Mahlleistung ist oftmals recht unterschiedlich und reicht von 20 g bis 100 g Mehl pro Minute. Für das tägliche Schroten des Frischkornmüslis ist eine kleine handbetriebene Mühle ausreichend. Soll damit auch gleichzeitig das Mehl zum Brotbacken gemahlen werden, empfiehlt sich die Anschaffung einer größeren Elektromühle.

Mit welchem Mahlwerk die Mühle ausgestattet ist, ob mit Naturstein, gegossenen Mahlsteinen oder mit Stahl- oder Keramikkegeln, spielt nur eine untergeordnete Rolle. Von entscheidender Wichtigkeit ist, daß das ganze Korn immer kurz vor dem Verbrauch frisch gemahlen wird und somit noch alle wesentlichen Bestandteile enthält.

Nahezu alle im Handel erhältlichen Fertigmehle sind zu einem bestimmten Grad ausgemahlen. Je höher der Ausmahlungsgrad, desto wertvoller ist das Mehl in ernährungsphysiologischer Hinsicht. Nimmt man das ganze Korn, so ist der Ausmahlungsgrad 100 %. Weißes Mehl, das zur Herstellung von Weißbrot, Brötchen und Kuchen verwendet wird, hat einen Ausmahlungsgrad von 40 %.

In direktem Zusammenhang mit dem Ausmahlungsgrad steht die Typenbezeichnung des Mehls. Die Typenzahl gibt an, wieviel mg Mineralstoffe in 100 g Mehl enthalten sind. In diesem Sinne sind alle im Handel erhältlichen Mehle Auszugsmehle. In Weizenschrot vom Typ 1700 sind immerhin noch 90 % der Bestandteile des vollen Korns enthalten. Mehl mit niedrigem Ausmahlungsgrad und niedriger Typennummer (Typ 405) enthält dagegen fast nur noch Stärke. Der Keimling sowie die mineralstoffhaltigen Randschichten wurden nahezu vollständig entfernt.

## Vollkornbrot

Zu Mehl und Schrot vermahlenes Korn dient in erster Linie zur Brotherstellung. Brot ist auf der ganzen Welt verbreitet und zählt zu den wichtigsten Nahrungsmitteln des Menschen. Es hat den Vorzug, daß es unabhängig von der Jahreszeit ganzjährig in gleichbleibender Qualität hergestellt werden kann. Im Gegensatz zu vielen anderen Ländern ist die Bedeutung des Brotes bei uns stark rückläufig. Früher wurde Brot gegessen, um echten Hunger zu stillen; heute, zu Zeiten allgemeinen Wohlstands, ist es zu der bloßen Unterlage für einen Belag herabgesunken. Noch vor 100 bis 200 Jahren wurde in Deutschland vier- bis fünfmal soviel Brot verzehrt wie heute. Um das Jahr 1800 betrug der jährliche pro-Kopf-Verbrauch stolze 300 kg - heute sind es noch gut 60 kg, das meiste davon als Weiß- oder Graubrot. Der Anteil an Vollkorn- bzw. Schrotbrot liegt immerhin wieder bei knapp 20 %, und die Tendenz ist steigend. Vollkornbrot ist eine relativ konzentrierte Nahrung mit hohem Sättigungswert. Um mit weißem Brot die gleiche Sättigung zu erzielen, muß davon etwa ein Drittel mehr gegessen werden. Weißbrot enthält mehr Luft, ist weniger bißfest und zeichnet sich nicht selten durch einen faden Geschmack aus. Der schwache Eigengeschmack unterstützt den erhöhten Verbrauch von zumeist fett- bzw. energiereichem und teurem Brotbelag.

Entscheidend jedoch sind die ernährungsphysiologischen Vorteile von Vollkornbrot. Aus Auszugsmehl hergestelltes Weiß- oder Graubrot enthält weniger Vitamine und Mineralstoffe. Gravierend macht sich auch der Mangel an Ballaststoffen bemerkbar. Dadurch ist Weißbrot zwar leichter verdaulich als Vollkornbrot, doch da die

Verdauungsorgane hier nicht voll beansprucht werden, werden sie mit der Zeit träge - die Folge davon ist nicht selten Verstopfung. Die im Vollkornbrot vorhandenen Ballaststoffe sind reich an stark quellenden und schleimenden Bestandteilen, die die Verdauung anregen.

Die Herstellung von Vollkornbrot ist ein relativ einfacher Vorgang. Möglichst frisch vermahlenes Korn wird mit Wasser, etwas Salz und einem Lockerungsmittel zu Teig geknetet. Um den Teig zu lockern, bieten sich heute verschiedene Triebmittel an. Das älteste Lockerungsmittel, den **Sauerteig**, haben wir bereits erwähnt. Eine genaue Beschreibung der gezielten Sauerteigführung wurde erstmals kurz nach der Zeitenwende durch den römischen Geschichtsschreiber Plinius überliefert. Zum Backen mit Sauerteig ist eine mehrstufige Teigführung notwendig. Zunächst wird aus Wasser und Mehl ein Grundansatz hergestellt, der drei Tage der Gärung überlassen wird. In dieser Zeit siedeln sich darauf Bakterienstämme an, die mithelfen, das Mehl beim Backen aufzuschließen. Dieser Natursauer verlangt neben etwas Zeit einen besonders sorgfältigen Umgang mit dem Teig. Der schnelleren und einfacheren Verarbeitungsweise wegen sind neuerdings die meisten konventionellen Bäcker und so gut wie alle Brotfabriken auf Fertig- oder Kunstsauer umgestiegen. Bei der Verwendung von Kunstsauer braucht man keinen Vorteig, so daß schneller gebakken werden kann. Geschmackliche Einbußen am Brot bleiben dabei nicht aus. Mit Kunstsauer werden die Brote farblich zudem etwas heller - der besseren Optik wegen werden sie deshalb nicht selten mit Zuckercouleur nachgedunkelt. In alternativen Vollkornbäckereien dagegen wird so gut wie ausschließlich mit Natur-Sauerteig gearbeitet. Sauerteig bietet sich besonders für herzhafte Roggenvollkornbrote an. Das Klebereiweiß des Roggens quillt nur unter dem Einfluß von Säure richtig auf. Sauerteigbrote sind für ihre besonders gute Bekömmlichkeit bekannt.

Sauerteig blieb bis zur Einführung der **Bäckerhefe** im 19. Jahrhundert das einzig bekannte Teiglockerungsmittel. Hefe wird auf Melasse gezüchtet und ist für Weizenbrot das heute verbreitetste Triebmittel. Sie erlaubt eine schnelle und intensive Teiggärung. Sobald die Hefe dem Teig zugesetzt wird, setzt bereits die Gärung ein. Die dabei entstehende Kohlensäure lockert den Teig, so daß sich ein voluminöses Brot ergibt. Von manchen Menschen wird Hefebrot allerdings weniger gut vertragen, da sich die Gärung im Darm fortsetzt.

Ein bisher recht wenig bekanntes Brot ist das **Honig-Salz-Brot.** Vermischt man Bienenhonig mit Wasser, so beginnt dieser zu gären; nun kann er ebenfalls für die Brotherstellung verwendet werden. Es bedarf allerdings viel Erfahrung, um damit ein Brot gleichbleibender Qualität herzustellen.

Eine Weiterführung des Lockerungsmittels auf Honigbasis ist das in den 30er Jahren entwickelte **Backferment**. Es ist ein fertiges Teiglockerungsmittel, das aus Honig, Leguminosenmehl und Getreide besteht und als trockenes Granulat gehandelt wird. Die Lockerung des Teiges wird durch Nektarhefen hervorgerufen, die im Bienenhonig enthalten sind. Backferment hat gleichmäßige Gärungseigenschaften und läßt sich, einmal erfolgreich angewendet, leicht und problemlos handhaben. Seine Besonderheit liegt darin, daß es sowohl für Roggen als auch für Weizen geeignet ist und darüber hinaus auch Getreidemischungen mit Hafer, Gerste, Hirse und Mais problemlos zu einem wohlschmeckenden und bekömmlichen Brot verarbeitet werden können. Backferment bietet sich damit nicht zuletzt für ein Mehrkornbrot an, in dem die Vorzüge verschiedener Getreidesorten vereint sind.

Wird Getreide zu Brot verbacken, setzt eine nicht unerhebliche Wertminderung ein. Die Backtemperatur ist an der Oberfläche des Brotes, wo sich die Kruste bildet, mit bis zu 160° C am höchsten. Im Innern des Brotes, der sogenannten Krume, wird während der ganzen Backzeit die Temperatur von 100° C nicht überschritten. Der Nähr- und Wirkstoffgehalt wird von daher besonders in der röschen Kruste eingeschränkt, die Verluste in der darunterliegenden Rinde und Krume halten sich in Grenzen.

Während die hitzebeständigen Mineralstoffe unverändert erhalten bleiben, wird durch den Backprozeß die Struktur des Eiweißes verändert. Daneben verringert sich insbesondere der Vitamingehalt des Korns. Die Vitaminverluste bei Vollkornbrot sind je nach Backzeit, Teigführung und Art der Vitamine verschieden: Vitamin B1 verringert sich durchschnittlich um 20 bis 25 %; Vitamin B6 um 15 bis 20 %; Vitamin E um 5 bis 15 %. Trotzdem ist Vollkornbrot eine der Hauptquellen zur Deckung unseres Vitamin B1-Bedarfs. Aus Auszugsmehl hergestelltes Brot und Frühstücksbrötchen tragen dagegen nicht mehr wesentlich zur Vitaminversorgung bei - sie werden im Gegenteil für die in weiten Teilen der Bevölkerung festgestellte Unterversorgung mit Vitamin B1 verantwortlich gemacht.

## Kleines Brotlexikon

In der Bundesrepublik werden etwa 200 verschiedene Brotsorten angeboten. Verschiedene Getreidearten, Triebmittel, Backverfahren, Gewürze und äußere Formen sorgen für reichhaltige Abwechslung.

Nach dem Lebensmittelrecht werden Weizen-, Weizenmisch-, Roggenmisch- und Roggenbrote unterschieden. Ein als Weizen- oder Roggenbrot bezeichnetes Brot muß mindestens 90 % des jeweiligen Getreides enthalten, Mischbrote über die Hälfte der genannten Getreideart. Vollkornbrot muß zu 90 % aus Vollkornmehl oder -schrot hergestellt sein. Brötchen und Kleingebäck müssen dagegen lediglich 30 % Vollkornmehl enthalten, damit sie als Vollkornware deklariert werden können.

Andere Bestandteile im Brot dürfen nicht mehr als 11 % ausmachen. Insgesamt sind über 150 Zutaten beim Backen erlaubt, die aber nur bei verpackter Ware deklariert werden müssen. Zur Dekoration aufgestreute Körner machen noch lange kein Vollkornbrot. Und auch besonders dunkles Brot ist nicht immer ein Zeichen für reines Vollkornbrot - laut Gesetz darf Brot mit Malzextrakt, Zuckerrübensirup oder Zuckercouleur (ein Lebensmittelfarbstoff, der bei der industriellen Zuckerproduktion gewonnen wird) eingefärbt sein.

Beim Kauf von Vollkornbrot sollte auf folgendes geachtet werden:

- Mehl und Schrot werden nur aus ganzen Getreidekörnern hergestellt.

- Alle Rohstoffe sollten aus kontrolliert biologischem Anbau kommen. Dies gilt nicht nur für Getreide, sondern ebenso für Brotgewürze, Nüsse, Fette u.a.

- Die Zutaten sollten möglichst naturbelassen sein, z.B. Meersalz anstelle von Kochsalz, kaltgepreßte Öle anstelle von raffinierten Fetten.

- Das Getreide wird unmittelbar vor dem Verbacken frisch gemahlen, damit möglichst alle wertgebenden Nähr-, Wirk- und Aromastoffe optimal erhalten bleiben.

- Für die Teigbereitung werden ausschließlich Natursauerteig, Backferment oder Hefe verwendet.

● **Angeschobenes Brot**: Die Brote werden aneinanderliegend ohne Zwischenräume gebacken. Sie haben seitlich keine Kruste.

● **Essener Brot**: Aus gekeimten Weizenkörnern ohne Lockerungsmittel bei schwacher Hitze ausgebackenes Fladenbrot.

● **Frei geschobenes Brot**: Wird freiliegend gebacken und ist rundum von einer Kruste umgeben.

● **Ganzkornbrot**: Vornehmlich ein aus Roggenschrot hergestelltes Sauerteigbrot, dem ein bestimmter Anteil vorgequollener ganze Roggenkörner beigefügt ist.

● **Graubrot**: Bezeichnung für ein Roggen- oder Roggenmischbrot, aus hohen Typenmehlen hergestellt. Kein Vollkornbrot.

● **Grahambrot**: Ein nach Silvester Graham gebackenes salz- und hefefreies Weizenvollkornschrotbrot. Die Gärung wird lediglich mit dünnem Spontansauer bzw. langer Vorteigführung eingeleitet. Grahambrote werden heute jedoch meist mit etwas Backhefe gelockert.

● **Knäckebrot**: Besonderheit ist ein flacher Teig, der nur eine Backzeit von fünf bis acht Minuten benötigt und anschließend mit Heißluft getrocknet wird. Während der kurzen Backzeit werden 100° C kaum überschritten, Nährwertverluste sind äußerst gering. Knäckebrot ist zudem außerordentlich bekömmlich. Der überwiegende Anteil von angebotenen Knäckebroten besteht aus Vollkornmehl.

● **Kommißbrot**: Angeschobenes Roggen- oder Roggenschrotbrot aus hoch ausgemahlenen Mehlen.

● **Lieken-Urkorn-Brot**: Das Getreide wird der besseren Verdaulichkeit wegen vor dem Schroten mehrere Stunden quellen gelassen.

● **Matzen**: Jüdisches Fladenbrot aus niedrig oder hochausgemahlenen Mehlen ohne Sauerteig und Salz.

● **Pumpernickel**: Ein aus Roggenschrot oder Roggenbackschrot gebackenes rindenloses Sauerteigbrot, welches in Dampfkammern unter niedrigen Temperaturen 16 bis 24 Stunden gebacken wird. Die lange Backzeit bringt auf Kosten höherer Nährwertverluste ein würzig-süßes Aroma hervor.

● **Roggen-Sauerteig-Vollkornbrot**: Von saftig frischem Geschmack. Säuerung sorgt für ein angenehmes Aroma.

● **Schrotbrot**: Wird nicht aus dem vollen Korn, sondern aus sogenanntem Backschrot hergestellt. Im Unterschied zu Vollkornschrot ist beim Backschrot der besseren Lagerstabilität wegen der Keimling vom Mehlkörper abgetrennt. Backschrotbrote sind keine echten Vollkornerzeugnisse.

● **Schwarzbrot**: Volkstümliche Bezeichnung für ein aus Auszugsmehl, Backschrot oder Vollkornmehl hergestelltes Brot von dunkler bis schwarzer Krume. Schwarzbrot kann mit Malz oder Zuckercouleur nachgefärbt sein.

- **Simonsbrot**: Ganze Roggen- oder Weizenkörner werden eingeweicht, gequollen, zerquetscht und anschließend verbacken.
- **Steinmetzbrot**: Patentiertes Verfahren, wobei vom Korn die äußere Fruchtschale entfernt wird, um Schadstoffrisiken vorzubeugen. Die Körner werden dabei mit Wasser benetzt. Durch Aufquellen wird die äußere Fruchtschale gelockert und kann durch einen einfachen Reibungsvorgang abgelöst werden. Die Ballaststoffe vermindern sich dabei um etwa ein Viertel, andere Nährwertverluste treten so gut wie nicht auf.

## Vollkornbrot richtig lagern

Brot wird leichter verdaulich, wenn es einige Stunden bis hin zu mehreren Tagen abgelagert ist. Aus Auszugsmehl hergestelltes Weizenbrot jedoch ist bereits nach einem Tag altbacken; Weizenvollkornbrot dagegen hält sich immerhin einige Tage. Roggenvollkornbrot kann bei sachgemäßer Lagerung, ohne an Aroma zu verlieren und ohne auszutrocknen, mehrere Wochen gelagert werden. Vollkornbrot sollte immer sauber, trocken und in luftdurchlässigen Behältern aufbewahrt werden. Plastiktüten und metallene oder lackierte Brotkästen sind dazu ungeeignet. Am besten wird das Brot einfach in ein Leintuch eingeschlagen oder besser noch in einem Brottopf aus Ton oder Stein mit gut schließendem Deckel gelagert. Brotkästen und Brottopf sollten von Zeit zu Zeit mit einer Essig-Wasser Lösung (1:10) ausgespült werden. Schnitt- und Oberfläche des Brotes sollten trocken bleiben. Feuchtigkeit begünstigt Schimmelbefall. Bestimmte Schimmelarten, z.B. Aflatoxine, sind hochgiftig. Aflatoxine, die vornehmlich in Nüssen und Nußprodukten vorkommen, konnten auch in verschimmelten Brotproben nachgewiesen werden. Es empfiehlt sich daher, verschimmeltes Brot nicht mehr zu verzehren. Roggensauerteigbrote sind gegen Schimmelbefall weniger anfällig als Weizen- oder Toastbrote.

Zur besseren Haltbarkeit darf abgepacktes Brot mit den Konservierungsstoffen Sorbinsäure und Propionsäure versetzt sein. Beide Stoffe beeinträchtigen das Brot geschmacklich. Propionsäure, die zur Konservierung von Schnitt- und Toastbroten gang und gäbe ist und lange Zeit als äußerst sichere Chemikalie galt, ist neuerdings stark in die Kritik geraten: Untersuchungen des Bundesgesundheitsamtes zufolge steht Propionsäure im Verdacht, Magenkrebs zu erzeugen.

## Zwieback

Einstmals als wichtige Brotkonserve geschätzt, wird Zwieback heute in erster Linie als diätetisches Lebensmittel angesehen. Zwieback gilt als Aufbaunahrung während und nach einer Krankheit, vor allem auch als leichtverdauliche Kost für Kleinkinder und alte Menschen.

Konventionelle Sorten werden aus einem Hefeteig aus weißem Weizenmehl, Milch, Eiern, Zucker, Fett und etwas Salz zusammengemischt. Der Teig wird in einer Kastenform ausgebacken, in 6 bis 8 mm dicke Scheiben geschnitten und beidseitig geröstet. Zwieback aus dem Naturkostfachgeschäft wird ganz ähnlich zubereitet. Die wenigsten Sorten bestehen jedoch aus reinem Vollkornmehl. Zumeist wird raffiniertes Mehl mit Vollkornmehl gemischt. Anstelle von Zukker wird mit Honig oder Gerstenmalz gesüßt. Die Ingredienzien stammen überwiegend aus kontrolliert biologischem Anbau.

# Kuchen und Kleingebäck

Was für das Brot selbstverständlich ist, ist auch für andere Backwaren wünschenswert: auch Kuchen und Kleingebäck können aus Vollkornmehl gebacken werden.

Mittlerweile gibt es an Vollkornbackwaren so gut wie alles, was auch in einer herkömmlichen Konditorei zu finden ist. Selbst Mürbe- und Blätterteig können problemlos aus Vollkornmehl hergestellt werden. Frühstücks- und Früchtebrötchen, Croissants, Torten, Schnecken, Plunder, Teegebäck und Schnitten aller Art - alles aus Vollkorn gebacken - gehören heute zum Standardprogramm eines jeden Bio-Bäkkers. Das Getreide für Mehl und Schrot kommt hier immer aus kontrolliert biologischem Anbau. Manche Bäckereien und Konditoreien bemühen sich darüber hinaus, ausschließlich biologische Zutaten zu verarbeiten.

Ein großes Plus von Vollkorn-Konditorwaren ist, daß konsequent auf weißen Zucker verzichtet wird. In der Regel sind Torten, Gebäck und Früchtebrötchen mit Honig oder anderen alternativen Süßmitteln gesüßt.

Auch das Kekssortiment wurde in den vergangenen Jahren stark erweitert. Doch gerade hier liegt noch so manches im argen. Um eine möglichst leichte Konsistenz zu erreichen, wird nicht immer ausschließlich Vollkornmehl verbacken. Vielfach wird Auszugsmehl beigemischt. Auch in puncto Süße lassen viele Kekse die letzte Konsequenz vermissen. Zwar ist weißer Zucker tabu, doch oft finden sich hier anstelle von Malz oder Honig einfach Rohrzucker oder Succanat. Andere weniger wünschenswerte Zutaten, die in Keksen nicht unbedingt etwas zu suchen haben, sind Milchpulver, Eier und Weizenkleie.

Kekse müssen übrigens nicht immer süß sein. Manche Hersteller bieten leicht mit Meersalz abgeschmeckte Varianten an. Auch salzige

Snacks wie Brezeln, Salzstangen oder japanische mit Sojasauce gewürzte Reiscracker sind im Angebot zu finden.

## Getreideflocken

Getreideflocken aller Art gehören heute zu den gängigsten Getreideprodukten. Sie lassen sich aus allen Getreidearten herstellen und unterscheiden sich teilweise in Konsistenz und Geschmack erheblich voneinander. Kräftige Roggenflocken, kernige Weizenflocken und knusprige Reisflocken bieten sich vor allem für das tägliche Müsli an, während die zarten Hafer- oder Hirseflocken sich auch als Breinahrung empfehlen. Die hauchdünnen und besonders zarten Buchweizenflocken lassen sich wiederum gut zum Andicken von Suppen und Saucen verwenden.

Die Herstellung von Flocken ist relativ einfach. Das ganze Korn wird zunächst gereinigt, dann mit Dampf erhitzt und gepreßt oder gewalzt. Die kernigen Großblatt-Haferflocken werden gewonnen, indem das Haferkorn zwischen zwei Stahlwalzen zerquetscht wird. Für die zarten Kleinblatt-Haferflocken wird das Korn zunächst grob geschrotet und anschließend gewalzt.

Durch die Wärmebehandlung wird das Getreide etwas aufgeschlossen und dadurch leichter verdaulich. Haferflocken werden schon lange zu Recht als vorzügliche Baby- und Kindernahrung geschätzt und bieten sich darüber hinaus als Schonkost für kranke, genesende und alte Menschen an. Bei der Herstellung der Flocken geht allerdings ein Teil der Inhaltsstoffe verloren.

Besonders augenscheinlich ist der verringerte Vitamingehalt. Ebenfalls etwas reduziert wird der Anteil von Mineral- und Ballaststoffen sowie von Linolsäure. Im Ganzen betrachtet hält sich der Nährwertverlust jedoch in Grenzen.

**Vitaminvergleich zwischen ganzem Hafer und Haferflocken**

| | Vitamin B1 | Vitamin B2 | Niacin |
|---|---|---|---|
| **Hafer, entspelzt** | 0,52 mg | 0,17 mg | 2,4 mg |
| **Haferflocken** | 0,56 mg | 0,15 mg | 1,0 mg |

*Quelle: Cremer u.a., Die Große GU Nährwerttabelle 1990/91*

Werden Getreideflocken ohne nennenswerte Hitzebehandlung hergestellt, was durchaus möglich ist, sind sie nicht lange haltbar. Die im Keimling enthaltenen ungesättigten Fettsäuren werden freigelegt und können sehr schnell ranzig werden. Hiervon betroffen sind vor allem Flocken mit hohem Fettanteil, also in erster Linie Hafer- und Hirseflocken.

Für den Hausgebrauch gibt es Flockenpressen, mit deren Hilfe die Frühstücksflocken täglich frisch gequetscht werden können. Die auf diese Weise entstandenen Rohflocken sind die empfehlenswerteste Flockenalternative und im ernährungsphysiologischen Wert mit Frischkornmüsli vergleichbar.

# Müslizubereitungen

Müsli, noch vor einem Jahrzehnt das A & O einer vollwertigen Ernährungsweise, ist mittlerweile zu einem zweifelhaften Industrieprodukt avanciert. Daß Müslimischungen in die Supermärkte Einzug gehalten haben, ist sicherlich zu begrüßen, bestehen sie doch überwiegend aus Vollkorngetreide - zwar nicht durchweg aus kontrolliert biologisch angebautem, aber immerhin.

Die meisten dieser Fertigmüsli enthalten jedoch in irgendeiner Form zugesetzten Zucker, sei es weißer oder brauner Zucker, Frucht- oder Traubenzucker - manchmal bis zu 30 %. Reformhausmüslis ist zum Teil davon nicht ausgenommen. Noch bedenklicher einzustufen sind sogenannte Frühstückscerealien (z.B. Cornflakes, Rice Crispies, Corn Pops). Sie enthalten zwischen 20 und 42 % zugesetzten Zucker, daneben auch Milchpulver und etwas Salz. Müsli wird bereits auch als Joghurt, Keks oder Müsli-Riegel vermarktet.

Der Griff zur Fertigpackung ist zwar schnell und bequem, das beste Müsli ist jedoch nach wie vor das selbst angesetzte oder selbst zusammengemischte Müsli. An erster Stelle sei das **Frischkornmüsli** genannt. Sofern es täglich frisch geschrotet und zubereitet wird, ist es die optimale Form der Getreidekost. Das Korn muß dazu weder erhitzt, noch anderweitig aufbereitet werden und wird damit in keiner Weise im Nährwert beeinträchtigt.

**Das Grundrezept für das Frischkornmüsli:**

*60 g Getreide*
*110 g Wasser*
*1 Apfel*
*1 TL Zitronensaft*
*1 EL Haselnüsse oder Mandeln*

Mit einer Getreidemühle wird am Vorabend das Getreide geschrotet und über Nacht in etwas Wasser eingeweicht. Die übrigen Zutaten werden am anderen Morgen unter das vorgequollene Schrot gemischt. Der Apfel wird unmittelbar vor dem Verzehr darüber gerieben.

Dem Frischkornmüsli in nichts nachstehend ist das **Weizenkeimmüsli**. Ganze Weizenkörner werden in einem Einweckglas oder Keimgerät angesetzt und unter regelmäßigem Wässern zum Keimen gebracht. Nach dreitägiger Keimdauer sind die Keimlinge erntereif und können mit anderen Zutaten zu einem knackigen, frischen Müsli angerichtet werden.

Die im Naturkostladen je nach Laden individuell zusammengemischten Müslisorten sind in Anlehnung an das **Bircher-Benner-**

**Müsli** entstanden. Der Schweizer Arzt Bircher-Benner propagierte bereits um die Jahrhundertwende ein Müsli, das im wesentlichen aus Haferflocken, Nüssen und Rosinen bestand und mit roher Milch angerührt wurde. Die heutigen Müslimischungen haben zumeist eine Flockenmischung verschiedener Getreidearten als Grundlage und enthalten weiterhin Trockenfrüchte, Nüsse, Kerne und Saaten.

Hatte noch vor wenigen Jahren jedes Naturkostfachgeschäft seine Hausmischung selbst zusammengestellt und abgepackt, wird diese Aufgabe zunehmend maschinell von regional oder überregional operierenden Verteilern und Naturkost-Verarbeitern bewerkstelligt.

Eine in England und Amerika verbreitete Müslivariante, die sich in den letzten Jahren auch bei uns durchgesetzt hat, ist **Crunchy** bzw. **Granola**. Haferflocken, Sonnenblumenkerne, Rosinen und andere Zutaten werden mit Honig und etwas Öl vermischt auf einem Backblech dünn ausgelegt und im Backofen bei niedriger Temperatur 50 bis 60 Minuten geröstet. Crunchy ist also ein geröstetes Müsli. Die Kombination aus Honig, Öl, Nüssen, Saaten und Trockenfrüchten macht es jedoch zu einer kalorienreichen Angelegenheit. Crunchies neigen aufgrund ihrer Fettanteile dazu, leicht ranzig zu werden. Beim Kauf sollte man daher immer auf das Haltbarkeitsdatum achten.

Müslis lassen sich je nach individuellem Geschmack auf vielfältige Weise variieren. Frische Früchte der Saison wie Erdbeeren, Pfirsiche, Weintrauben und Apfelsinen, dazu gehackte Mandeln und Walnüsse sowie Gewürze wie Zimt, Vanille und Kardamom sorgen für beinahe unbegrenzte Kombinationsmöglichkeiten - der Phantasie sind keine Grenzen gesetzt.

Übrigens, Müsli muß nicht unbedingt mit Milch oder gesäuerten Milchprodukten wie Joghurt, Quark und Kefir angerührt werden. Als Alternativen bieten sich Sojamilch und Sojajoghurt, aber auch alle Arten von Fruchtsäften wie Apfel-, Trauben- und Orangensaft oder einfach nur Wasser an.

# Müsliriegel

Müsli gilt als urgesund, und die Industrie ist erfolgreich dabei, dieses positive Image auch auf den Müsliriegel zu übertragen. Das Kompaktmüsli in Riegelform trägt zudem den veränderten Verzehrgewohnheiten Rechnung: Die leckeren kleinen Schnitten bieten sich an für zwischendurch und unterwegs, als schnell konsumierbare Alternative zu anderen Zwischenmahlzeiten, sozusagen als Fast food mit Gesundheits-Appeal.

Inwieweit die kleinen Riegel diesen Anspruch einlösen können, sei dahingestellt. Müsliriegel präsentieren sich als bunte Mischung aus gesunden und weniger gesunden Inhaltsstoffen. Sie setzen sich aus einer Kombination verschiedener Lebensmittelgruppen zusammen: Getreide oder daraus hergestellte Produkte, Nüsse und Ölsaaten, Trockenfrüchte, Süßstoffe wie Honig, dazu pflanzliche Fette. Konventionelle Riegel können darüber hinaus Milchpulver, gehärtete Fette, Stabilisatoren, Säureregulatoren, Emulgatoren sowie naturidentische Aromastoffe enthalten.

Die je nach Hersteller und Marke verschieden zusammengestellten Rohstoffe werden trocken gemischt und mit Hilfe eines Binders (z.B. Honig, Fette, Trockenfrüchte, Teig) in eine kompakte Form überführt. Die Mischung wird dann zu einer fast fingerdicken Masse ausgewalzt, getrocknet, in 10 mal 3 cm große und ca. 40 bis 75 g schwere Riegel geschnitten und in Zellu-Folie eingeschweißt.

Der ernährungsphysiologische Wert eines Müsliriegels ist immer abhängig von der Qualität der eingesetzten Rohstoffe und dem Mischungsverhältnis. Neben Kohlenhydraten und Eiweiß können die kleinen Energiepakete bis zu 30 % Fett und teilweise mehr als 40 % Zucker enthalten. Fette aus Nüssen und Ölsaaten, aber auch Milchpulver, Kakao und Schokozusätze machen die Riegel zu einem unnötig schwer aufnehmbaren Produkt. Als besonders kritisch anzusehen ist der teils enorm hohe Zuckeranteil. Müsliriegel sind ausnahmslos süß, und die enge Verwandschaft zum Süßwarenbereich ist offensichtlich. In der Regel sind in einer Schnitte verschiedene Zuckerarten miteinander kombiniert. Die in der Werbung und auf dem Etikett oftmals hervorgehobene Formulierung „Ohne Zusatz von Zucker“ ist mit Vorbehalt zu genießen. Unter Zucker wird hierbei immer isolierter Zucker verstanden. Doch auch Honig und Trockenfrüchte enthalten Zucker und sind aufgrund ihrer klebrigen Konsistenz als genauso kariesfördernd einzuschätzen wie weißer Zucker, wenn nicht gar noch stärker.

Positiv am Müsliriegel ist lediglich der hohe Gehalt an Kohlenhydraten und Ballaststoffen. Doch Müsliriegel sind keine Gesundheitsriegel. Sie haben in einer vollwertigen Kost nur wenig zu suchen. Schon gar nicht sollten sie, wie es vielfach zu beobachten ist, das Pausenbrot oder eine Zwischenmahlzeit ersetzen. Die gesunde Alternative kann nur ein frisch zubereitetes Müsli sein.

Sollten Sie dennoch ab und an einer süßen Versuchung nicht widerstehen können, verlangen Sie nach einem Riegel mit möglichst naturbelassenen Zutaten und einem relativ geringen Gesamtzuckergehalt. Achten Sie darauf, daß keine unnötigen Zusätze wie Milchpulver, Säureregulatoren oder naturidentische, sprich künstliche, Aromastoffe enthalten sind. Wesentliche Zutaten wie Getreide, Nüsse und Trokkenobst sollten zudem immer aus kontrolliert biologischem Anbau kommen.

## Getreidebreie

Manche mögen's heiß. Anstelle eines Müslis können zum Frühstück auch ganze Getreidekörner und daraus hergestellte Produkte zu wohlschmeckenden Getreidebreien aufgekocht werden.

Eine noch bis vor wenigen Generationen übliche Breinahrung war die **Grütze**. Als Grütze wird das in grobe Stücke geschrotete ganze Korn bezeichnet. Das so aufbereitete Getreide benötigt lediglich eine kurze Kochzeit, da eine größere Oberfläche direkt der Hitze ausgesetzt ist. Am bekanntesten sind mit Wasser aufgekochte Hafer- oder Buchweizengrützen, aber auch geschrotete Gerste oder Weizen kann hierzu verwendet werden.

In England noch heute sehr beliebt ist das sogenannte **Porridge**, für das verschiedene Flockensorten mit Wasser oder Milch langsam zu einem Brei aufgekocht werden. Ähnlich dem Müsli bieten sich durch Zutaten wie Nüsse, Trockenfrüchte, alternative Süßmittel und Gewürze mannigfaltige Variationsmöglichkeiten an.

Ein besonders herzhaftes Frühstück ist ein Getreidebrei, der aus ganzen Körnern wie Buchweizen, Hirse, süßem Reis oder Amaranth besteht. Auch hier sorgen kurz mitgedämpfte Apfelstücke, Rosinen und Nüsse für Abwechslung. Getreidebreie ergeben ein nährstoffreiches und auch sättigendes Frühstück, das viele Stunden anhält.

Nicht vergessen werden sollte auch **Grieß**. Er wird vornehmlich aus Weizen und Mais hergestellt, indem das ganze Korn zu granulatähnlichen, feinen Körnchen, aber nicht zu Mehl, vermahlen wird. Aus Weizen ist sogenannter Vollgrieß im Handel, bei welchem lediglich ein geringer Anteil der Randschichten ausgesiebt wurde. Mais wird zu grobem Kukuruz oder zu der etwas feineren Polenta vermahlen. Weizen- und Maisgrieß sind beliebte Breigetreide für Babies und Kleinkinder.

## Thermo-Getreide

Als Thermo-Getreide bezeichnet man Getreideprodukte, die durch eine spezielle Wärmebehandlung aufgeschlossen werden. Das Getreide wird in einem eigens für diesen Zweck konstruierten, sich drehenden Ofen aufbereitet. Der von außen beheizte Trommelofen speichert die Wärme im Stein und gibt sie langsam an das Getreide ab. Die erzeugten Temperaturen liegen bei 70 bis 80° C. Durch eine Drehvorrichtung wird das Getreide gleichmäßig erwärmt. Die noch enthaltene Feuchtigkeit wird dabei nach und nach frei und beginnt zu verdampfen. Das Getreide verbleibt für etwa fünf Stunden im Ofen; währenddessen färben sich die Körner goldbraun. Das fertig gedarrte Thermo-Getreide wird dann zu Grütze, Grieß oder Mehl verarbeitet.

Während des Thermo-Verfahrens wird die im Getreidekorn enthaltene Stärke langsam in Zucker umgewandelt, was das besondere, arttypische Aroma von Thermo-Getreide erklärt. Neben dem besonders guten Geschmack verbessert es gleichzeitig auch die Bekömmlichkeit. Der Wärmeprozeß setzt quasi eine Vorverdauung in Gang.

Die Verwendung ist ebenso vielseitig wie die Zubereitung herkömmlicher Getreideprodukte. Thermo-Grütze wird mit 2 bis 3 Teilen Wasser und einer Prise Meersalz zum Kochen gebracht und braucht dann lediglich auf kleiner Flamme oder besser noch auf einer Wärmestreuplatte 15 bis 20 Minuten zu ziehen. Serviert zu Gemüsegerichten, als Salatgrundlage oder zu Aufläufen und Bratlingen verarbeitet, läßt sich daraus eine Vielzahl wohlschmeckender Gerichte zaubern. Thermo-Gerstengrütze bietet sich durch den leicht süßlichen Malzgeschmack auch für Obstdesserts an. Thermo-Grieß eignet sich besonders gut für Kinderbreie, gebackene Schnitten und als leichte Suppeneinlage. Im Vergleich zu herkömmlicher Grütze, die nach dem Kochen oftmals einen zähen Brei ergibt, bleibt Thermo-Grütze locker, leicht krümelig und eher kernig.

Obwohl Thermo-Produkte aus vollem Schrot und Korn hergestellt werden, sind sie aus Sicht der Vollwerternährung bereits ein vorproduziertes, technisch aufbereitetes Produkt. Durch ihren aromatischen Geschmack können Thermo-Grütze, Thermo-Grieß und Thermo-Mehl dennoch für eine willkommene Abwechslung sorgen.

# Vollkornnudeln

Aus raffiniertem, weißem Mehl hergestellte Nudeln haben mittlerweile ernsthafte Konkurrenz bekommen: Nudeln aus vollem Schrot und Korn. Während Vollkornnudeln jahrzehntelang eine ausschließliche Domäne der Reformhäuser und Naturkostläden waren, finden sie sich heute fast in jedem bundesdeutschen Supermarkt - zwar selten in Bio-Qualität, aber immerhin.

Vollkornnudeln sind für viele Verbraucher ein erster bequemer Einstieg zu einer bewußteren Ernährungsweise. Neben Müsli und Vollkornbrot sind sie ein recht einfacher Weg, ein weiteres vollwertiges Nahrungsmittel in den Speiseplan aufzunehmen. Sie enthalten den Reichtum des ganzen Korns und versorgen uns in erster Linie mit energiespendenden Kohlenhydraten. Der ausreichende Anteil an Ballaststoffen macht sie leicht verdaulich, und sie verfügen - sofern schonend verarbeitet - zudem noch über beachtliche Mengen an B-Vitaminen, die für das reibungslose Funktionieren unseres Organismus' so wichtig sind. Von ihren ernährungsphysiologischen Eigenschaften abgesehen, bringen Vollkornnudeln durch ihre vielfältigen Verwendungsmöglichkeiten auch eine willkommene Abwechslung in unseren Speiseplan.

Nicht alle im Handel erhältlichen Vollkornnudeln kommen dem Anspruch nach, wirklich die gesamten Bestandteile des vollen Korns zu enthalten. Der leichteren Verarbeitung wegen werden die gröberen Bestandteile aus dem Mehl ausgesiebt. Der Anteil an Vollkornmehl sollte jedoch nicht unter 80 % liegen. Konsequente Hersteller verwenden fast bis zu 100 % Vollkornmehl.

Konsistenz, Geschmack und Aroma von Vollkornnudeln sind von verschiedenen Faktoren abhängig. Ausschlaggebend sind Sorte und Qualität des Getreides, die Frische des Mehls sowie die Art und Weise der Verarbeitung und Trocknung. Gerade Vollkornnudeln variieren qualitativ von Hersteller zu Hersteller. Manche sind äußerst kernig im Biß, andere wiederum verlieren beim Kochen die Form, werden pappig und erinnern im Geschmack eher an nasses Sägemehl. Besonders gelungen sind zumeist italienische Nudeln. Bekanntlich blickt das Handwerk der Nudelherstellung in Italien auf eine lange Tradition zurück. Italienische Nudeln zeichnen sich durch einen festen und kernigen Geschmack aus, auf den Zusatz von Eiern wird verzichtet. Spaghetti, Tagliatelle, Sedanini, Spirelli und Lasagne aus vollem Korn lassen bald entsprechende Ware aus weißem Mehl als fade erscheinen.

In Europa werden Nudeln in erster Linie aus einer besonderen Züchtung des Weizens, des sogenannten Hart- oder Durumweizens, hergestellt. Hartweizen eignet sich weniger zum Brotbacken und bietet sich durch seine härtere Beschaffenheit und vor allem durch einen hohen Anteil an Gluten, welches den Teig zusammenhält, geradezu zur Nudelverarbeitung an. Möglichst frisch vermahlener Hartweizengrieß wird mit Wasser in Vakuumtrögen zu einem Teig geknetet, durch entsprechende Formen gepreßt, geschnitten und schonend bei max. 45° C getrocknet und abgepackt.

Neben Weizen läßt sich auch anderes Getreide zu Vollkornnudeln verarbeiten. Mehl aus Buchweizen, Hirse, Reis oder Mais wird der besseren Konsistenz wegen allerdings zumeist mit kleberhaltigem Weizenmehl vermengt. Diese teilweise geschmacklich äußerst gelungenen Mischungen sind eine zusätzliche Bereicherung der an Formen und Aromen nicht gerade armen Nudellandschaft. Von findigen Herstellern werden dem Teig Sojamehl, Gemüsepulver aus Spinat oder Brennesseln beigemischt und zu Nudeln verarbeitet, um diese durch zusätzliches Eiweiß bzw. Mineralstoffe aufzuwerten.

Auch wenn die aus weißem, raffiniertem Mehl fabrizierten Nudeln so gut wie immer Eier enthalten, sind diese doch kein notwendiger Bestandteil. Bei fast allen Vollkornnudeln wird auf den Zusatz von Eiern verzichtet - und dies lange vor dem Flüssigei-Skandal, der Mitte der 80er Jahre die konventionelle Nudelindustrie bis ins Mark erschütterte.

**Vollkornnudeln aus Japan - der feine Unterschied**

Nudeln sind keineswegs eine typisch italienische Spezialität oder, wie die Schwaben gar meinen, eine schwäbische Erfindung. Im Fernen Osten, insbesondere in China und Japan, können Nudeln auf eine gut tausendjährige Geschichte zurückblicken. Bereits Marco Polo konnte sich im 11. Jahrhundert von der Qualität fernöstlicher Nudelfabrikation an Ort und Stelle überzeugen. Durch die verstärkte Verbreitung makrobiotischer Spezialitäten finden sich im Westen immer mehr Feinschmecker, die die äußerst gute Verarbeitung und den Geschmack japanischer Nudelerzeugnisse zu schätzen wissen. Im Unterschied zu europäischen Vollkornnudeln wird in Japan nicht Hartweizen, sondern Weichweizen verarbeitet. Weichweizen enthält zwar vergleichsweise wenig Gluten, was gerade für die Konsistenz der Nudeln nicht unbedeutend ist. Dieser scheinbare Nachteil wird durch besonders sorgfältige Verarbeitung des Teiges ausgeglichen. Eine entscheidende Rolle kommt auch dem Umstand zu, daß dem Nudelteig bereits etwas Meersalz (ca. 1 %) beigemengt wird. Das Salz hilft mit, den Kleber zu binden, und sorgt so für die gute Beschaffenheit der Nudeln. Weichweizen ist nicht nur für die deutlich hellere Farbe japanischer Vollkornnudeln verantwortlich; diese Weizensorte schlägt sich auch in dem weichen, aber dennoch kernigen Geschmack der Nudeln nieder.

Und noch ein weiterer gravierender Unterschied zu europäischen Nudeln: japanische Teigwaren werden nicht durch Formen gepreßt, sondern aus dem dünn ausgerollten Teig geschnitten.

Nach dem Schneiden werden die Nudeln langsam und schonend getrocknet. Die noch 3 bis 4 m langen Teile werden dazu auf Bambusgerüste gehängt. Bei normaler Raumtemperatur bleiben sie etwa

30 Stunden im Trockenraum. Dabei senkt sich der Feuchtigkeitsgehalt von etwa 35 % (frische Nudeln) auf etwa 13 % (Endprodukt). Künstliche Wärme wird nicht zugeführt. Dies würde die Fertigstellung zwar beschleunigen, Geschmack und Qualität der Nudeln jedoch würden sich verändern. In den Trockenräumen sind lediglich Ventilatoren in Betrieb, die für die nötige Luftzirkulation sorgen. Erst nach der Trocknung wird die Nudel in die endgültige Länge geschnitten und abgepackt.

Der Formenreichtum begrenzt sich im wesentlichen auf drei Typen: Soba, Udon und Ramen.

Eine besondere Spezialität sind **Soba**, die japanische Spaghetti-Variante, deren Herstellung die Japaner meisterhaft beherrschen. Die Grundlage von Soba ist Buchweizenmehl. Ursprünglich machte man diese Nudeln aus 70 bis 80 % Buchweizen, doch moderne Technologie macht es heute möglich, aus diesem kleberarmen Getreide 100 % reine Buchweizennudeln herzustellen. Die gängigste bei uns erhältliche Soba-Variante besteht aus 40 % Buchweizenmehl, das mit 60 % teilweise ausgesiebtem Weizenmehl gemischt wird. Darüber hinaus sind mittlerweile auch recht ausgefallene Sorten im Handel: Yomogi-Soba werden beispielsweise mit Beifußblättern versetzt, was neben Farbe und Aroma auch den Mineralstoffgehalt etwas anhebt. Yinenjo-Soba werden mit dem stärkereichen Mehl der Yinenjo-Wurzel, einer Art Kartoffel, gemischt. Die mit pulverisiertem grünem Tee angereicherten Cha-Soba machen sich durch ihre leicht anregende Wirkung besonders in der morgendlichen Misosuppe gut. Mit bis zu 14 % Eiweiß sind Soba eine gute Eiweißquelle, zumal das Eiweiß von Buchweizen einen besonders hohen Anteil an essentiellen Aminosäuren enthält. Soba, gleich welcher Sorte, werden in Japan als glücksbringend angesehen und traditionell zu Silvester gegessen. Ihre langgezogene Form symbolisiert ein langes Leben und für das kommende Jahr Gesundheit.

**Udon** sind flache, etwas dicke Weizennudeln, die in ihrer Form an italienische Tagliatelle erinnern. Sie werden entweder nur aus Vollweizenmehl oder mit etwa 20 % ausgesiebtem Weizenmehl gemischt hergestellt. Eine Abart von Udon sind Somen. Diese werden lediglich etwas dünner geschnitten und benötigen daher eine kürzere Kochzeit. Die besten Soba- und Udonnudeln werden in Japan frisch hergestellt, von Hand geschnitten und vor ihrer Zubereitung gar nicht erst getrocknet.

**Ramen** sind gedrehte, vorgekochte Nudeln, die zumeist mit einem Instant-Suppenstock aus Miso und Algen in 80 g-Päckchen angeboten werden. Vor dem Trocknen werden die Nudeln kurz unter Dampf bei ca. 100° C vorgegart. Sie benötigen nur eine Kochzeit von 3 bis 4 Minuten und eignen sich vorzüglich für eine schnell zubereitete Zwischenmahlzeit. Ramen sind in verschiedenen Variationen erhältlich, als Reis-Ramen, Weizen-Ramen oder Soba-Ramen mit Buchweizenmehl.

**Bifun** ist die japanische Art der Glasnudel. Sie fällt durch ihre Form und ihren Geschmack etwas aus dem Rahmen. Als Rohstoff dient Reisstärke, der etwas Kartoffelstärke beigemischt ist. Aus Sicht der Vollwertkost jedoch sind isolierte Stärke bzw. daraus hergestellte Produkte nicht empfehlenswert. Reisstärkenudeln sind leicht verdaulich. Sie eignen sich gut als Suppeneinlage und können auch zusammen mit Gemüse leicht sautiert werden. Vor der Verwendung müssen sie lediglich 2 bis 3 Minuten in heißes Wasser getaucht werden.

Bei dem überaus reichhaltigen Angebot einheimischer Vollkornnudeln erscheint die Einfuhr aus dem fernen Japan ökonomisch und ökologisch bedenklich. Soba, Udon und Ramen bringen jedoch Abwechslung in die Küche und haben einen unvergleichlichen Geschmack. Bisher versuchte kein europäischer Hersteller, Nudeln in vergleichbarer Qualität auf den Markt zu bringen. Da japanische Teigwaren teurer sind als andere Vollkornnudeln, werden sie im übrigen ohnehin nicht für den täglichen Gebrauch in Frage kommen.

# Weizenprodukte

Viele aus Weizen hergestellte Produkte wie Brot, Teigwaren, Flokken und Müslis wurden bereits erwähnt. An dieser Stelle sei lediglich noch auf einige spezielle Weizenprodukte eingegangen.

**Bulgur** ist ein seit Jahrhunderten im Nahen und Mittleren Osten und in Nordafrika bekanntes Weizenprodukt. Zur Herstellung von Bulgur wird Weizen eingeweicht und 1 bis 3 Stunden lang in möglichst wenig Wasser gekocht, an der Luft getrocknet und grob zerkleinert. Der weitaus größte Teil der Nähr- und Wirkstoffe bleibt bei dieser Prozedur erhalten. Bulgur hat den Vorteil, daß er sehr gut lagerfähig ist und sich schnell zubereiten läßt. Er benötigt eine Kochzeit von 20 Minuten und läßt sich überall anstelle von anderem Getreide verwenden. Bulgur aus kontrolliert biologischem Anbau wird aus französischem Hartweizen hergestellt.

**Couscous** ist ein in ganz Nordafrika verbreites Gericht. Die Herstellungsweise ist der von Bulgur ganz ähnlich. Zur Couscous-Produktion wird Hartweizenschrot angefeuchtet, mit heißem Wasserdampf vorgegart und anschließend getrocknet. Couscous ist ein leichtes, abwechslungsreiches Weizengericht. Es ergänzt sich gut mit Gemüse und Hülsenfrüchten. Die Kochzeit beträgt lediglich 10 bis 15 Minuten.

**Kleie** ist die äußere Schicht des Weizenkorns. Sie fällt bei der Herstellung von Auszugsmehl an. Jahrzehntelang als Abfallprodukt angesehen bzw. als bloße Futterkleie genutzt, wird sie heute separat vermarktet. Speisekleie unterscheidet sich von Futterkleie durch eine bessere äußere Beschaffenheit und größere Sorgfalt und Hygiene bei der Herstellung. Kleie ist besonders reich an Nährstoffen, jedoch kann sie vom menschlichen Organismus nicht vollständig verdaut werden. Gerade dieser Umstand macht Kleie so wertvoll. Die darin enthaltenen Faserstoffe wirken sich günstig auf die Verdauungstätigkeit aus. Ein bis zwei Eßlöffel täglich können helfen, eine chronische Verstopfung zu beseitigen, welche zumeist die Folge einer fettreichen, ballaststoffarmen Ernährungsweise ist. Die Faserstoffe sind sehr quellfähig und wasseraufnahmefähig, wodurch das Volumen des Speisebreis vergrößert und die Darmtätigkeit angeregt wird. Kleie sollte von daher immer mit reichlich Wasser (pro EL ein Glas) eingenommen werden. Der regelmäßige Verzehr von Vollkornprodukten sowie eine ballaststoffreiche Ernährung machen die Einnahme von Kleie jedoch überflüssig. Im Handel erhältliche Speisekleie ist zumeist wärmebehandelt (hitzestabilisiert). Um sie geschmacklich neutral zu machen, werden nicht selten noch enthaltene Fette und Bitterstoffe herausgezogen. Zu bedenken ist auch die erhöhte Belastung mit Umweltgiften, die in der Kleie konzentrierter sind als im ganzen Korn.

**Weizenkeime** sind, wie auch Weizenkleie, kein vollwertiges Lebensmittel. Beide sind lediglich ein Bestandteil des ganzen Korns. Zwar sind Weizenkeime äußerst reich an Eiweiß, Mineralstoffen und den Vitaminen B und E. Sie enthalten jedoch nichts, was nicht auch durch das ganze Korn aufgenommen werden könnte. Die konzentrierte Ballung von Nährstoffen macht sie dessen ungeachtet in Reformkreisen zu einem beliebten Kurmittel. Weizenkeime finden Verwendung in Müsli, Brot, Pfannkuchen und Salaten. Mühlentechnisch isolierte Weizenkeime sind aufgrund ihres hohen Gehalts an ungesättigten Fettsäuren leicht verderblich, sie werden schnell ranzig bzw. bitter. Der besseren Haltbarkeit wegen sind sie in der Regel hitzebehandelt.

## Reis- und Getreidewaffeln

Reiswaffeln sind eine japanische Erfindung, die in den letzten beiden Jahrzehnten auch bei uns beachtliche Verbreitung gefunden haben und im Naturkosthandel zu den gefragtesten Getreideprodukten zählen. Von japanischen Straßenverkäufern wurden feuchte Reiskörner ursprünglich einfach über einem Kohlenfeuer ausgepufft und etwas zusammengepreßt. Heute werden die bierdeckelrunden, etwa 1 cm dicken Waffeln mit Hilfe von Hitze und Druck maschinell in Massenproduktion hergestellt. Verwendet wird ausschließlich Naturreis. In Aussehen und Konsistenz erinnern die Waffeln eher an Styropor als an etwas Eßbares. Der Nährstoffgehalt entspricht im wesentlichen dem von Reis, wenn auch in weitaus weniger konzentrierter Form. Zur Herstellung einer Reiswaffel braucht man lediglich einem Eßlöffel Reiskörner. Die Waffeln sind leicht und entsprechend kalorienarm.

Neben reinen Reiswaffeln wird eine ganze Palette von Waffeln angeboten, die mit anderen Getreidearten vermischt sind. Zumeist sind sie mit Sesam und einer Prise Meersalz gewürzt. Sorten mit Reis, Hirse, Mais, Buchweizen und Quinoa sind glutenfrei bzw. glutenarm und eignen sich als Diätetikum. Die knusprigen Waffeln bieten sich vor allem für unterwegs und für den kleinen Hunger zwischendurch an. Sie können pur oder mit süßen bzw. pikanten Aufstrichen verzehrt werden. In der Makrobiotik werden Reiswaffeln oftmals anstelle von Brot verwendet. Für Leckermäuler sind auch Waffeln zu haben, die mit einer Couvertüre aus Schokolade überzogen sind.

# Obst

Das altgermanische Wort „Obst“ bedeutet ursprünglich soviel wie „Zukost“. Dazu gehörten außer Getreide und Fleisch alle übrigen Nahrungsmittel, d.h. neben Gemüse, Hülsenfrüchten und Nüssen auch das Obst im heutigen Sinne. Heute werden unter dem Sammelbegriff alle eßbaren Früchte und Scheinfrüchte verstanden. Obst wurde zuerst im alten Persien und in Ägypten kultiviert und kam 2.000 bis 1.000 v. Chr. über Griechenland und Italien in den mitteleuropäischen Raum. Durch jahrelange Auslese, Züchtung und Veredelung entwickelte sich schließlich unser heutiges Obstsortiment. Als Handelsware ist Obst jedoch noch keine 200 Jahre alt. Erst mit der Industrialisierung wurde begonnen, auf den städtischen Märkten in größerem Umfang heimische Obstarten anzubieten. Der Bedarf an frischem Obst war bis dahin recht niedrig und wurde bis in die 50er Jahre zum größten Teil durch Eigenanbau gedeckt. Veränderte Eßgewohnheiten sowie Slogans wie „Eßt mehr Obst“ oder „Obst ist gesund“ taten ihr übriges, um den Verzehr von Früchten immer populärer zu machen. Schnelle Transportwege, internationale Handelsbeziehungen sowie nicht zuletzt moderne Lagerungs- und Konservierungstechniken machen es heute möglich, ein überaus vielfältiges Früchteangebot zu präsentieren. Ein Ende dieser Entwicklung ist nicht absehbar - ständig drängen neue Züchtungen und per Luftfracht importierte exotische Arten auf den Markt.

Botanisch unterschieden werden:

- **Kernobst** (Äpfel, Birnen, Quitten u.a.)
- **Steinobst** (Kirschen, Pflaumen, Pfirsiche u.a.)
- **Beerenobst** (Erdbeeren, Johannisbeeren, Heidelbeeren u.a.)
- **Schalenobst** - ein Oberbegriff für Nüsse, die in einer harten Schale stecken und sich von übrigem Obst durch eine andere Zusammensetzung der Inhaltstoffe unterscheiden.

Primäre Nährstoffe sind im Obst relativ unbedeutend. Von Bananen, Avocados und Datteln abgesehen, enthält Obst keine nennenswerten Mengen an Eiweiß und Fett. Die meisten Früchte bestehen zu 75 bis 90 % aus Wasser. Den überwiegenden Teil der Trockensubstanz bilden Kohlenhydrate in Form von Fruchtzucker. Im Unterschied zu Gemüse sind auch Mineralstoffe und Spurenelemente unterrepräsentiert. Was Obst so wertvoll macht, ist der Reichtum an Vitaminen, organischen Säuren, Pektinen und Aromastoffen. Frisches Obst ist neben dem Gemüse die wichtigste Quelle für Vitamin C. Besonders Vitamin C-haltig sind Beeren und Zitrusfrüchte.

Die zuckerhaltigen Säfte machen zusammen mit verschiedenen Frucht- und Gerbsäuren das charakteristische Aroma der jeweiligen Obstart aus. Durch den aromatischen Geschmack wirkt frisches Obst besonders appetitanregend. Die darin enthaltenen Ballaststoffe wirken sich zudem günstig auf die Verdauung aus.

## Der Apfel

Weltweit gesehen rangiert die Apfelproduktion hinter der von Weintrauben, Zitrusfrüchten und Bananen an vierter Stelle. In Mitteleuropa ist der Apfel die mit Abstand wichtigste einheimische Obstart. Der jährliche pro-Kopf-Verbrauch in der Bundesrepublik beläuft sich auf etwa 43 kg (ca. 225 Stück) und nimmt damit fast die Hälfte des jährlich verzehrten Frischobstkonsums ein. Der Apfel ist ein Grundnahrungsmittel, das sich durch Geschmacksvielfalt und mannigfaltige Verwendungsmöglichkeiten auszeichnet. Äpfel werden nicht nur für sich allein verzehrt. Sie lockern das tägliche Müsli auf, machen sich gut in Rohkostsalaten, werden zu leckerem Apfelkuchen verbacken oder als Tee und Saft getrunken. Darüber hinaus sind Äpfel auch als Trockenobst im Handel. Industriell wird daraus Apfeldicksaft zum Süßen, Obstessig zum Würzen oder aus dem Pektin ein Geliermittel zum Eindicken von Marmelade gewonnen. Nicht vergessen werden sollten alkoholische Getränke wie Apfelwein (Äppelwoi) und Apfelcidre.

Von den ursprünglich gut tausend deutschen Apfelsorten wird im großen Stil heute gerade noch ein knappes Dutzend kultiviert, im Bio-Anbau kommt noch ein weiteres Dutzend hinzu.

- **Sommersorten**, die bereits im Juli und August gepflückt werden können, sind Klarapfel, James Grieve, Jamba und Gravensteiner. Am besten schmecken sie direkt vom Baum. Sie sind nur kurz lagerfähig, verlieren schnell ihren knackigen Biß und werden mehlig.
- **Herbstsorten** reifen in den Monaten September bis Oktober. Hierzu gehören Ingrid Marie, Elstar, Alkmene und Cox Orange. Sie entwickeln zum Teil ihr volles Aroma erst nach einigen Wochen Lagerung.
- **Wintersorten** wie Berlepsch, Golden Delicious, Glockenapfel, Jonagold und Gloster werden im Oktober geerntet, entfalten ihr bestes Aroma jedoch erst ab November. Sie können bis in den März hinein gelagert werden.
- **Dauersorten** sind Boskoop, Starking und Idared. Sie schmecken ebenfalls nach einer gewissen Lagerzeit am besten und halten sich auch über den März hinaus gut.

Durch neue Lagermethoden wie die sogenannten CA-Lager ist es möglich geworden, Äpfel bis in den Sommer hinein knackig frisch zu halten. In abgeschlossenen Lagerhallen wird dabei der Kohlendioxidgehalt der Luft erhöht und gleichzeitig der Sauerstoffgehalt reduziert. Durch die kontrollierte Atmosphäre (controlled atmosphere = CA) werden die Lebensvorgänge im Apfel erheblich gedrosselt. Nach der Öffnung eines Lagers vollzieht sich jedoch ein schneller Aromaverlust. CA-Lager sind auch im Bio-Bereich üblich geworden.

Weit verbreitete Sorten wie Golden Delicious, Jonathan und Gloster, die nicht gerade zu den Vitamin C-reichsten Äpfel gehören, sind sehr stark auf hohen Ertrag und makelloses Äußeres getrimmt; es ist daher nicht verwunderlich, daß sie geschmacklich weit hinter dem zurückstehen, was ein Apfel tatsächlich sein kann. Noch stärker als der Gemüseanbau ist der konventionelle Obstbau auf die Erfüllung von Handelsklassen ausgerichtet. Vitamingehalt, Aroma und Schadstoffbelastung bleiben dabei außen vor - Hauptsache, der Apfel ist ebenmäßig rund, rotbackig und von genormter Größe.

Im konventionellen Anbau wird der Apfel in Monokultur mit allen dazugehörigen, negativen Begleiterscheinungen angebaut. Neben dem Weinberg stehen Apfelplantagen an der Spitze chemischer Eingriffe. Intensive Düngung und häufige Spritzfolgen werden als Garanten für eine „gute Ernte" angesehen. Nicht selten werden die Bäume bis zu 45 Mal jährlich mit 10 bis 15 verschiedenen Pestiziden gespritzt - vor, während und nach der Blüte, gegen Obstmaden, Schorf u.v.a.m. Bei Importware kommt es häufig zur Überschreitung der gesetzlich festgelegten Rückstandshöchstmengen. Neuester Hit sind sogenannte Pflanzenregulierungsmittel - Hormonzugaben, die die äußere Reife beschleunigen.

Kontrolliert biologische Apfelkulturen kommen ohne Kunstdünger und Spritzgifte aus. Deutlich geringere Erträge und weniger schön geformte Früchte werden dabei bewußt in Kauf genommen. Um die Versorgung rund ums Jahr aufrecht zu erhalten, werden - wie im konventionellen Handel seit langem üblich - in geringem Umfang Bio-Äpfel aus den USA und aus Südamerika importiert, eine Praxis, die von ökologisch orientierten Verbrauchern nicht unbedingt gutgeheißen wird. Vielfach wird es vorgezogen, die wenigen Monate bis zur heimischen Ernte einfach auf die teuren Importäpfel zu verzichten. Mit Kirschen, Pflaumen, Erdbeeren und anderen Früchten stehen doch gerade in den Sommermonaten ausreichend heimische Früchte zur Auswahl.

# Südfrüchte

Unter der Bezeichnung Südfrüchte werden alle aus südlichen oder tropischen Ländern importierte Früchte verstanden. Die Gruppe der Zitrusfrüchte nimmt dabei den größten Raum ein. Bis noch vor wenigen Jahrzehnten spielten Südfrüchte bei uns so gut wie keine Rolle. Im Zuge globaler Handelsbeziehungen und nicht zuletzt auch neokolonialer Handelspolitik konnte sich rasch ein Markt für fremdländische Obstarten etablieren - Tendenz steigend.

Bei den meisten vollwertig orientierten Kostformen wird aus ernährungsphysiologischen, ökologischen und politischen Gründen den heimischen Obstarten der Vorzug gegeben.

Aus ökologischer Sicht besonders bedenklich sind die langen Transportwege der Südfrüchte (z.T. per Luftfracht). Um den Transport zu überstehen, müssen die Früchte darüber hinaus meist unreif geerntet werden, so daß Vitamine und vor allem Aromastoffe nicht vollständig ausgebildet sind. Politisch spricht gegen den übermäßigen Handel mit Südfrüchten, daß exotische Früchte in manchen Erzeugerländern der Dritten Welt unter ungünstigen wirtschaftlichen und sozialen Bedingungen produziert werden. Der Anbau von Exportfrüchten trägt nichts zur Lösung der vielschichtigen Probleme vor Ort bei.

Manche Ernährungslehren, wie beispielsweise die Makrobiotik, lehnen den Verzehr von Südfrüchten grundsätzlich ab. Entsprechend der makrobiotischen Auffassung sind die zumeist wasserreichen tropischen Früchte zu „yin“ und können sich von daher störend auf das Gleichgewicht des Organismus auswirken. Dennoch ist auch im Bereich der Vollwertkost ein starker Trend zu Südfrüchten zu beobachten. Die anfängliche Zurückhaltung wurde vielfach aufgegeben, nicht zuletzt deswegen, weil Bananen, Orangen und Avocados in kontrolliert biologischer Qualität mittlerweile fast das ganze Jahr über im Naturkosthandel verfügbar sind. Besonders in den Wintermonaten können Südfrüchte wesentlich zur Versorgung mit Vitamin C beitragen.

## Südfrüchte von A(nanas) bis Z(itrone)

**Ananas**: Die aus Brasilien stammende Frucht ist heute über die ganzen Tropen verbreitet. Während sie anfänglich bei uns nur als gezuckerte Konserve bekannt war, wird sie nun zunehmend frisch angeboten, obwohl sie für den Export bereits vor der Vollreife geschnitten werden muß. Die als Staude dicht über dem Boden wachsende, große Frucht gedeiht inmitten spitzer, scharf gesägter Blätter. Reife Früchte sind an der beginnenden Gelbfärbung der schuppenartigen Schale und dem intensiven Duft erkennbar. Ananas in kontrolliert biologischer Qualität wird aus Togo eingeführt.

**Avocados**: Der ursprünglich in Zentralamerika beheimatete Avocadobaum wird heute außer in Mexiko und den USA auch in vielen anderen tropischen Ländern kultiviert, neuerdings auch verstärkt im Mittelmeerraum und auf den Kanarischen Inseln. Der immergrüne Baum, der die Größe eines Apfelbaums erreichen kann, bringt birnenförmige Früchte hervor.

Avocados zählen in manchen Anbauländern zu den Grundnahrungsmitteln. Das gelbe Fruchtfleisch ist von butterweicher Konsistenz und hat ein mildes Aroma. Avocados enthalten bis zu 30 % Fett und zählen damit zu den kalorienreichsten Früchten. Ernährungsphysiologische Pluspunkte sind B-Vitamine, Calcium und Eisen. Avocados sind verzehrfertig, wenn die grüne Schale auf Fingerdruck nachgibt. Sie lassen sich zu pikanten Aufstrichen, Dips und Cocktails verarbeiten und geben jedem Salat eine besondere Note. In kontrolliert biologischer Qualität werden sie aus Israel, Spanien und den Kanarischen Inseln eingeführt.

**Bananen** sind in der Bundesrepublik nach Äpfeln das meistverzehrte Obst. Die vornehmlich aus mittelamerikanischen „Bananen"-Republiken importierten Früchte können aufgrund dortiger äußerst niedriger Produktionskosten hierzulande zu Schleuderpreisen angeboten werden. Die stärkereichen Früchte werden fast ausschließlich in Monokultur angebaut, wobei enorme Mengen an Kunstdünger und Pestiziden eingesetzt werden. Die grün geschnittenen Bananen werden mit Thiabendazol gegen Schimmel behandelt und in Kühlcontainern nach Europa verschifft, wo sie schließlich mit Ethylengas künstlich nachgereift werden. Bananen aus kontrolliert biologischem Anbau kommen von den Kanarischen Inseln, aus Israel, Italien und der Dominikanischen Republik. Auch Bio-Bananen werden größtenteils mit Ethylen nachgereift.

**Clementinen** sind eine Kreuzung aus Mandarine und Pomeranze. Die leicht schälbaren Südfrüchte sind kernlos und von süßem Aroma. In kontrolliert biologischer Qualität kommen sie aus Italien, Spanien und Korsika.

**Feigen** werden nicht nur getrocknet, sondern in der Saison auch frisch angeboten. Sie sind nur kurze Zeit haltbar und werden daher oftmals noch unreif geerntet. Feigen zeichnen sich besonders durch einen hohen Calciumgehalt aus. In kontrolliert biologischer Qualität kommen sie aus Frankreich.

**Grapefruits** sind eine Kreuzung aus Orangen und Zitronen. Die gelb- bis rosafleischigen Früchte sind von säuerlich-süßem Aroma mit einem etwas bitteren Beigeschmack. Je bitterer sie schmecken, desto höher ist der Vitamin-C-Gehalt. Grapefruits zeichnen sich durch eine besonders gute Lagerfähigkeit aus. In kontrolliert biologischer Qualität kommen sie aus Israel.

**Kiwis**, ursprünglich in China beheimatet, werden für den weltweiten Bedarf hauptsächlich in Neuseeland produziert. Die pelzigen, kartoffelförmigen Früchte wachsen an Schlingpflanzen, die an Gerüsten gezogen werden. Die innen grasgrünen, mit kleinen schwarzen Samen durchsetzten Früchte haben einen hohen Vitamin C-Gehalt. Kiwis gedeihen übrigens auch in Deutschland. Aus kontrolliert biologischem Anbau kommen sie überwiegend aus Korsika und Italien.

**Mandarinen** sind im Wuchs kleiner als Orangen und früher reif. Sie sind süßer und enthalten weniger Fruchtsäure. Wegen ihrer vielen Kerne wurden sie jedoch mehr und mehr durch kernlose Züchtungen wie Satsumas und Clementinen ersetzt.

**Mangos** sind nach den Bananen die wichtigste Frucht in den Tropen. Hauptanbauland ist Indien. Die nierenförmigen Steinfrüchte haben ein gelbliches leicht faseriges Fruchtfleisch, das mit dem schwer herauszulösenden Stein verwachsen ist. Mangos verfügen über ein zartsüßes Aroma und werden geschmacklich vielfach als die Königinnen der Früchte angesehen. Eine daraus zubereitete Spezialität ist Mango-Chutney, eine pikante Sauce, die zu Reisgerichten und Falafel gereicht wird. Mangos in kontrolliert biologischer Qualität kommen aus Israel und Togo.

**Orangen** stammen aus China und sind heute weltweit die verbreitetste Zitrusfrucht. Im Mittelmeerraum wurden bereits Ende des 18. Jahrhunderts erste Pflanzungen angelegt; zu einem Massenprodukt avancierten Orangen jedoch erst in den 50er Jahren dieses Jahrhunderts. An Sorten werden Blondorangen (Navelinas, Chamouti, Valencia Late) sowie Blut- und Halbblutorangen (Moro und Tarocco) unterschieden. In kontrolliert biologischer Qualität kommen sie aus Italien, Spanien und Israel.

**Vitamin C-Gehalt ausgewählter Früchte (in mg/100g)**

| | |
|---|---|
| **Hagebutten** | 1 500 |
| **Sanddorn** | 450 |
| **Johannisbeere, schwarz** | 189 |
| **Kiwi** | 100 |
| **Papaya** | 70 |
| **Erdbeere** | 62 |
| **Zitrone** | 53 |
| **Apfelsine** | 50 |
| **Grapefruit** | 41 |
| **Johannisbeere, rot** | 36 |
| **Stachelbeere** | 34 |
| **Mango** | 30 |
| **Apfel** | 12 |
| **Banane** | 11 |
| **Pfirsich** | 10 |
| **Weintraube** | 4 |

*Quelle: Elmadfa, Die große GU Nährwertabelle 1990/91*

**Papayas** sind melonenartige Früchte, die in dichten Clustern unter der Blätterkrone von unverzweigten Bäumen wachsen. Die bis zu mehreren Kilo schweren Früchte haben ein orangefarbenes Fruchtfleisch. In der Mitte befinden sich zahlreiche ungenießbare, kaviarähnliche, schwarze Samen. Papayas enthalten einen Stoff namens Papain, der für seine verdauungsfördernde Wirkung bekannt ist. Er wird ferner als Zartmacher für zähes Fleisch verwendet. In kontrolliert biologischer Qualität kommen Papayas aus Israel.

**Zitronen** wurden bereits vor 1.000 Jahren von den Arabern aus Asien in den Mittelmeerraum gebracht, wo sich heute weltweit die größten Anbaugebiete befinden. Die ausgesprochen sauren Früchte enthalten unter den Zitrusfrüchten den höchsten Vitamin C-Gehalt. Zitronen können das ganze Jahr über geerntet werden. In kontrolliert biologischer Qualität werden sie aus Italien und Spanien eingeführt.

# Gemüse

Frisches Gartengemüse ist heute wesentlicher Bestandteil einer gesunden Ernährungsweise. Dabei sind die meisten Gemüsesorten noch nicht lange auf unserem Speiseplan zu finden. Während der Anbau von Getreide schon seit bereits mindestens 8.000 Jahren bekannt ist, kennen wir Gemüse gerade halb so lange. Erst zwischen 2.000 und 1.000 Jahren v. Chr. kam der Gartenbau über den Vorderen Orient nach Griechenland und ins Römische Reich. Kurz vor der Zeitenwende gab es lediglich einige wenige Gemüse- und Obstsorten. Die heute für uns wichtigen Gemüse-, Obst- und Gewürzpflanzen wurden erst im Mittelalter zwischen 500 und 1.500 n. Chr. gezüchtet. Viele Arten wurden erst im Laufe der letzten Jahrhunderte durch die Entdeckung neuer Kontinente bei uns heimisch, beispielsweise die Kartoffel und die Tomate, die beide mengenmäßig zu den verbreitetsten Gemüsesorten zählen. Neue Züchtungen und die verstärkte Einfuhr ausländischer Ware bieten heute eine überaus reichhaltige und abwechslungsreiche Gemüselandschaft.

## Gemüse der Saison

Bestimmte Sorten sind teilweise das ganze Jahr über verfügbar. Dadurch wird es zunehmend schwieriger, zu unterscheiden, was noch natürlichen Wachstumsprozessen ausgesetzt und was unter Folie oder im Gewächshaus herangereift ist. Gemüse sollte bevorzugt während der dem natürlichen Wachstum entsprechenden Jahreszeit verzehrt werden. In der Saison erreichen Aroma und Nährwert der jeweiligen Sorte den höchsten Stand. Der im Winter im Treibhaus gezogene Kopfsalat ist nicht nur fade im Geschmack und hat einen wesentlich geringeren Vitamingehalt - auch die nicht gerade wünschenswerte Nitratanreicherung ist erheblich höher.

Je näher das Gemüse am Wohnort wächst, um so billiger und frischer kann es angeboten werden. Lokal produziertes Gemüse bedarf nur kurzer Transportwege und verbraucht keine aufwendigen Kühl- und Lagerhaltungskosten. Bei der Gemüseauswahl sind daher immer auch ökologische Aspekte einzubeziehen. Verschiedene Ernährungsrichtungen ziehen das in der Region gewachsene Gemüse zudem aus ernährungsphysiologischen Gründen vor. Je entfernter die Nahrung vom eigentlichen Lebensraum ist, als umso unnatürlicher wird sie angesehen.

Jede Jahreszeit bringt bestimmte Gemüsesorten hervor, so daß im Jahreslauf für genügend Abwechslung gesorgt ist. Nahezu das ganze Jahr erhältlich sind nur wenige Sorten wie Weiß- und Rotkohl, Möhren, Zwiebeln und Kartoffeln, die sich teilweise bis zur neuen Ernte lagern lassen. Mit zunehmender Lagerdauer allerdings büßen sie an Nährwert ein, Kartoffeln und Zwiebeln beginnen zu keimen. Zu den ersten heimischen Gemüsesorten im Frühjahr zählen verschiedene Salate, Möhren, Kohlrabi und Spargel. Auch im Naturkosthandel geht der Trend immer mehr dahin, durch Importe aus Südeuropa Freilandgemüse bereits einige Wochen vor der heimischen Ernte auf den Markt zu bringen. Biologische Möhren aus Sizilien, Eissalat aus Spanien sowie Frühkartoffeln aus Israel können so bereits im März oder April angeboten werden.

Ausgesprochene Sommergemüse sind Gurken, Tomaten, Paprika, Auberginen und grüne Bohnen. Werden sie zu einer anderen Jahreszeit angeboten, läßt sich daraus schließen, daß sie nicht unter natürlichen Bedingungen gereift bzw. aus außereuropäischen Ländern importiert sind.

Sommer und Herbst bescheren uns die größte Gemüsevielfalt. Wir können aus einem reichhaltigen Angebot an Blattgemüsen wählen - diverse Salate, Spinat, Mangold und Wirsing, um nur einige zu nennen. Daneben bieten sich Blumenkohl und Brokkoli an. Zahlreiche Wurzeln und Knollen, wie Rote Bete, Sellerie und Kohlrabi, sind bis in die Wintermonate hinein lagerfähig.

Frostfeste Wintergemüse, wie Rosen- und Grünkohl, Feldsalat, Topinambur, Pastinaken und Schwarzwurzeln, versorgen uns bis ins Frühjahr hinein mit wichtigen Vitaminen und Mineralstoffen.

Zur Deckung des Nährstoffbedarfs trägt Gemüse - von der Kartoffel einmal abgesehen - nur geringfügig bei. Die meisten Gemüsesorten bestehen bis zu 90 % aus Wasser. Gemüse ist deshalb ausgesprochen kalorienarm. Der eigentliche Wert von Gemüse liegt im Gehalt an Vitaminen, Mineralstoffen und Spurenelementen. Unter den Vitaminen sind besonders die Vitamine A, B und C zu nennen. Allein über den Gemüseverzehr decken wir etwa ein Drittel unseres Vitamin A- und Vitamin C-Bedarfs. An Mineralstoffen finden sich besonders Eisen, Calcium, Kalium, Natrium und Phosphor. Daneben enthält Gemüse auch in ausreichendem Maße verdauungsfördernde Ballaststoffe. Gemüse wirkt durch verschiedene aromatische Öle zudem appetitanregend. Manche Arten wie Knoblauch, Fenchel oder bestimmte Kohlarten werden aufgrund ihrer heilenden Wirkung geschätzt. Noch vor einigen Generationen wurden Gemüsepflanzen und Kräuter vielfach verzehrt, um damit bestimmte Wirkungen zu erzielen.

## Gemüse aus biologischem Anbau

Völlig rückstandsfreies Gemüse gibt es nicht mehr. Auch Öko-Bauern können sich bestimmten äußeren Gegebenheiten, insbesondere der Belastung durch Schwermetalle und anderer Umweltgifte, nicht entziehen. Blei und Cadmium finden ihren Niederschlag mittlerweile in jeder Pflanze, und Bio-Gemüse ist davon nicht ausgenommen. Was im ökologischen Landbau jedoch gezielt vermieden wird, ist der Einsatz von Kunstdünger und Pflanzenschutzmitteln. Zwar kann auch hier keine Rückstandsfreiheit von Pestiziden garantiert werden - vor „Altlasten“ im Boden oder vor Giftwolken eines konventionell arbeitenden Nachbarhofes, die durch den Wind übertragen werden, ist auch Bio-Gemüse nicht geschützt. Doch die Pestizidbelastung bei Gemüse aus kontrolliert-biologischem Anbau liegt deutlich niedriger als bei konventioneller Ware. Niedriger sind auch die Nitratwerte. Nitrat wird von den Pflanzen zum Aufbau von Eiweiß benötigt. Für den menschlichen Organismus dagegen gilt Nitrat als Risikofaktor, da es in den Verdauungsorganen zu Nitrit umgewandelt werden kann, woraus krebserregende Nitrosamine gebildet werden können. Neben Trinkwasser und Fleisch- und Wurstwaren, denen bei der Verarbeitung nitrathaltige Pökelsalze zugesetzt wurden, zählt Gemüse zu den Hauptlieferanten für Nitrat.

Nitrat bildet sich im Boden durch den Abbau organischer Substanzen wie Mist oder Kompost, vornehmlich jedoch durch das Ausbringen nitrathaltiger Kunstdünger. Es wird über die Wurzeln der Pflanze aufgenommen. Von Natur aus besonders nitrathaltige Gemüsearten sind Rote Bete, Spinat, Kopfsalat und Rettich. Im Unterschied zu der im ökologischen Landbau üblichen Düngerwirtschaft mit organischen Abfällen und dem gezielten Anbau von Leguminosen kann durch Kunstdünger die Nitratanreicherung erheblich verstärkt werden. Aus Vergleichsuntersuchungen geht hervor, daß Gemüse aus kontrolliert-biologischem Anbau weitaus geringer mit Nitrat belastet ist als konventionell mit Kunstdünger kultiviertes Gemüse. Freilandgemüse der Saison weist die geringsten Nitratwerte auf. Blattsalate aus dem Treibhaus sollten dagegen gemieden werden.

Bislang noch zu wenig erforscht sind die qualitativen Vorzüge von Bio-Gemüse. Untersuchungen weisen darauf hin, daß organisch gedüngtes Gemüse auch im Nähr- und Wirkstoffgehalt konventioneller Ware überlegen ist. Erwünschte Inhaltsstoffe wie Eiweiß und Vitamin C sowie Mineralstoffe wie Calcium, Kalium und Eisen finden sich darin konzentrierter als in Gemüse, das mit Kunstdünger behandelt wurde.

Eine Schwierigkeit bei der Vermarktung biologischer Produkte liegt darin, daß viele Verbraucher möglichst rückstandsarme Ware haben wollen, sich aber gleichzeitig optisch an der Ware orientieren, die sie aus dem Supermarkt gewöhnt sind. Man verlangt nach großen, gleichmäßigen Früchten, wenn möglich gewaschen, glänzend poliert, in hygienischer Plastikfolie abgepackt und mit der Aufschrift „Handelsklasse Ia" etikettiert. Die herkömmliche Einteilung von Obst und Gemüse in Handelsklassen hat mit Qualität jedoch nichts zu tun. Dieser Wertmaßstab bezieht sich lediglich auf die äußere Beschaffenheit und die Größe, denn optisch wohlgeformtes und großes Gemüse erscheint qualitativ besser. Diese Tendenz kommt auch den Wünschen der Anbauer entgegen: Je größer das Volumen, desto höher sind auch Ertrag und damit Gewinn. Und von Einzelhändlern, die nicht auf ihren Waren sitzenbleiben wollen, wird diese Denkweise schließlich noch unterstützt. Hier ist sicherlich noch einiges Umdenken erforderlich. Bis auf eingefleischte „Bio-Freaks", die automatisch zu krummen Gurken oder fleckigen Äpfeln greifen, ist es mit dem Bewußtsein um biologische Qualität noch nicht allzu weit bestellt. Damit soll nicht gesagt sein, daß Bio-Gemüse grundsätzlich verschrumpelt und schorfbefallen sein muß - in Handelsklasse I eingestuft ist es jedoch in den wenigsten Fällen.

## Die Kartoffel

Obwohl der Verzehr von Kartoffeln im Lauf der letzten 100 Jahre rapide gesunken ist, sind sie mengenmäßig nach wie vor die wichtigste Gemüseart. Die ursprünglich in Südamerika beheimatete Knolle diente neben dem Mais bereits vor 5.000 Jahren den in den Anden lebenden Indios als Hauptnahrungsmittel. Die Spanier und Portugiesen brachten sie schließlich im 16. Jahrhundert nach Europa. Als Zierpflanze und exotische Kuriosität in Botanischen Gärten fristete sie zunächst ein relativ bescheidenes Dasein. Von Seiten der feudalstaatlichen Bauern stieß der Kartoffelanbau auf erbitterten Widerstand. Friedrich der Große mußte gar zu Zwangsmaßnahmen greifen, um ihren Anbau durchzusetzen.

Für die schnell wachsende Bevölkerung im beginnenden Industriezeitalter mit der damit verbundenen Nahrungsmittelknappheit wurde die Kartoffel zu einer billigen Nahrungsquelle. Die Verbreitung der Kartoffel brachte zugleich einschneidende Veränderungen der bisherigen Ernährungsgewohnheiten mit sich. Vom Brot einmal abgesehen, verdrängte sie die Getreidekost nahezu vollständig. Die anspruchslose Pflanze gedeiht auf jedem Boden und in jedem Klima und bringt zudem noch gute Erträge. Darüber hinaus läßt sie sich gut lagern und einfach zubereiten.

Und auch in bezug auf ihren Nährwert ist die Kartoffel bemerkenswert. Sie besteht zwar zu gut drei Viertel aus Wasser, enthält daneben jedoch rund 19 % Kohlenhydrate in Form leicht verdaulicher Stärke. Kartoffeln sind daher ein guter Kalorienspender. Der Eiweißgehalt beträgt lediglich 2 bis 3 %, doch handelt es sich dabei um ein Protein von hoher biologischer Wertigkeit. Kombiniert mit Eiern, liefert die Kartoffel ein optimales Aminosäurenmuster. Ausgesprochen hoch ist auch ihr Vitamin C-Gehalt.

Mittlerweile machen sich Sieglinde, Nicola, Granola, Aula und weitere 130 Sorten den Markt streitig. Sie unterscheiden sich in Größe, Farbe, Schale, Form und Geschmack. Besonders stärkereich sind mehligkochende Sorten, die während des Kochens zerfallen und sich daher am besten zu Püree oder Knödel verarbeiten lassen. Festkochende Sorten sind stärkearm und eignen sich als Salz- und Pellkartoffeln oder als Salatware. Auch die schnell reifenden Frühkartoffeln entwickeln nur wenig Stärke; sie eignen sich auch nicht zum Einkellern. Kartoffeln sollten möglichst in der Schale gekocht werden, so daß keine Nährstoffe ins Kochwasser übergehen.

Trotz des guten Nährwertgehalts wird der Kartoffel ihre Bedeutung für die menschliche Ernährung von verschiedener Seite schlichtweg abgesprochen. Die anthroposophische Ernährungslehre empfiehlt lediglich einen mäßigen Konsum, während sie von der Makrobiotik gänzlich abgelehnt wird. Ihre Zugehörigkeit zur Familie der Nachtschattengewächse spielt hierbei eine Rolle. Im grünen Kraut, in den unreifen Früchten und in vom Licht grün gewordenen Knollen ist das giftige Alkaloid Solanin enthalten. Solanin konzentriert sich besonders in der Schale und an den Keimaustrittstellen. Grüne und gekeimte Kartoffeln sollten daher unbedingt gemieden werden.

So sagenhaft der Aufstieg der Kartoffel war, so schnell ist ihre Popularität im Laufe dieses Jahrhunderts wieder zurückgegangen. Für den Niedergang ist in erster Linie die gestiegene Lebensqualität verantwortlich. Um satt zu werden, muß man heute nicht mehr, wie noch um 1890 üblich, ein gutes Kilo Kartoffeln pro Tag verspeisen. Allein der jährliche pro-Kopf-Verbrauch von Fleisch liegt mit 100 kg hierzulande heute bereits deutlich über dem der Kartoffel. Inzwischen konkurriert die Kartoffel mit einer ganzen Reihe anderer „Beilagen“ wie Nudeln und Reis. Sie ist nicht mehr alleiniges Hauptnahrungsmittel, sondern lediglich eine, wenn auch immer noch wichtige, Gemüseart.

Doch die nächste Trendwende ist bereits in Sicht. Pommes Frites, Instant-Püree und Instant-Knödel, Tiefkühlware und andere industriell bearbeitete Kartoffelprodukte machen bereits mehr als ein Drittel des Kartoffelumsatzes aus. Im Naturkosthandel finden sich als Vorreiter der Fertigprodukte bereits mit Meersalz und Paprika gewürzte Kartoffelchips - natürlich mit Schale und in kontrolliert biologischer Qualität.

# Seltene Gemüsesorten

Gemüsesorten wie Pastinaken, Schwarzwurzeln, Steckrüben oder Meerrettich werden seit alters her nicht nur wegen ihres guten Geschmacks, sondern auch aufgrund ihrer besonderen Widerstandskraft und Frostbeständigkeit und nicht zuletzt wegen ihrer leichten Heilwirkung geschätzt. Neuzüchtungen und veränderte Eßgewohnheiten ließen so manche dieser ernährungsphysiologisch wertvollen Sorten ins Hintertreffen geraten. Mit ein Verdienst der Bio-Höfe ist es, daß bestimmte, vom Aussterben bedrohte Gemüsepflanzen wieder verstärkt kultiviert werden. Einige dieser heute seltenen Arten sind uns bereits so fremd geworden, daß ihnen an dieser Stelle besondere Beachtung zukommen soll.

● **Topinambur** ist eine Süßkartoffel, die allerdings nicht mit der Kartoffel verwandt ist. Vielmehr gehört Topinambur zur Gattung der Sonnenblumengewächse. Die hochwachsenden Stauden bilden nur kleine Blüten aus und setzen dafür im Boden zahlreiche Knollen an. Die stark wuchernden Knollen wurden bereits in den Anden Südamerikas und von kanadischen Indios gesammelt. Zu Beginn des 17. Jahrhunderts kam die Pflanze schließlich nach Europa. Sie stellt keine besonderen Ansprüche an Boden und Klima und ist winterhart.

Topinambur enthält bis zu 16 % Inulin, eine Stärkeart, die im Unterschied zu Kartoffelstärke auch für Zuckerkranke verträglich ist. Inulin ist nicht mit Insulin zu verwechseln; es wirkt jedoch insulinartig und spielt von daher bei Diabetes eine bedeutsame Rolle. Daneben ist Topinambur auch reich an Kieselsäure.

Wird Topinambur wie die Kartoffel in Wasser gekocht, so gehen Fruchtzucker und die meisten Aromastoffe ins Kochwasser über; das Resultat sind etwas fade schmeckende Knollen. Man sollte dieses Gemüse deshalb nur leicht in Wasser dünsten oder dämpfen. Topinambur läßt sich problemlos mit Schale zubereiten und bietet sich auch als Rohkost an. Roh geraspelt, mit etwas Zitronensaft und Öl angerichtet, ist Topinambur von weniger süßlichem, sondern mehr nußartigem Geschmack. Durch den hohen Fruchtzuckergehalt kann Topinambur selbst mit Obst kombiniert werden und bietet sich auch als Müslizutat an.

● **Pastinaken** sind eine der ältesten bekannten Gemüsesorten, die bereits zur Sammlernahrung unserer steinzeitlichen Vorfahren gehörte. Wildformen finden sich heute nach wie vor an Weg- und Straßenrändern. Das auch als Hammel- oder Hirschmöhre bekannte Wurzelgemüse wurde im letzten Jahrhundert durch die Möhre weitgehend verdrängt. Die weißfleischige Wurzel, die bis zu 40 cm lang werden kann, ist in bezug auf Nährwert und Geschmack der Möhre ähnlich. Mit etwa 15 % Stärke und Zucker zählt sie zu den kohlenhydratreichsten Gemüsesorten. Im Carotingehalt etwas niedriger als die Möhre, enthält sie dagegen mehr an den Vitaminen B1, B2 und C. Wie auch Topinambur enthält die Pastinake Inulin und verfügt darüber hinaus über aromatische ätherische Öle.

Pastinaken können als frostbeständiges Wintergemüse von Oktober bis Ende April geerntet werden. Die Pflanze stellt an den Boden keine Ansprüche und ist widerstandsfähig gegen Schädlinge. Sie ist zudem ein recht preiswertes Gemüse. Durch ihr süßes Aroma eignet sie sich besonders für Kleinkinder. Pastinaken lassen sich gut als Rohkost und zu Obstsalat verwenden. Sie gewinnen durch das Garen jedoch noch an Süße und Aroma. Gedünstete oder gedämpfte Pastinaken ergänzen sich besonders gut mit Möhren.

● Die winterharte **Schwarzwurzel** ist als Wildpflanze ebenfalls lange Zeit bekannt. Kultiviert wurde sie als erstes im 16. Jahrhundert, zu einer Zeit, als Gemüse vornehmlich in Klostergärten angebaut wurde. Früher als Mittel gegen Schlangenbisse gepriesen, wird die

Schwarzwurzel heute vornehmlich ihres Mineralstoffreichtums wegen geschätzt. Die oftmals als „Spargel des kleinen Mannes“ bezeichnete Pfahlwurzel besitzt ein weißes Fruchtfleisch, das von einem dunkelbraunen bis fast schwarzen, dünnen Korkmantel umhüllt ist. Schwarzwurzel werden normalerweise geschält. Die etwas mühevolle Zubereitung in der Küche wird durch einen feinen, aromatischen Geschmack belohnt. Doch Schwarzwurzeln können durchaus auch in der Schale gekocht werden; sie sind dann jedoch leicht bitter. Die Saison für Schwarzwurzeln reicht vom Herbst bis ins späte Frühjahr hinein, wo anderes Wurzelgemüse oft nicht mehr in ausreichender Menge und Frische zur Verfügung steht.

● In Form und Aussehen der Schwarzwurzel ganz ähnlich ist die **Klettenwurzel**. Die bis zu einem halben Meter lang werdende Pfahlwurzel wächst vielfach noch wild. Im Naturkosthandel wird sie das ganze Winterhalbjahr über angeboten. Klettenwurzeln sind von fester Beschaffenheit und gut lagerfähig. Sie zeichnen sich durch einen kräftigen, fast erdigen Geschmack aus. In der Makrobiotik gelten Klettenwurzeln als besonders yanniges und kraftspendendes Gemüse.

● **Mangold** ist ein spinatähnliches, mineralstoff- und vitaminreiches Blattgemüse. Neben Oxalsäure enthält es, wie auch Spinat, Eisen und empfiehlt sich daher besonders bei Blutarmut. Im Handel erhältlich sind zwei Sorten: Rippenmangold mit einer besonders stark ausgeprägten Mittelrippe sowie etwas kleinerer Schnittmangold. Mangold braucht nur kurz gedämpft oder blanchiert zu werden und eignet sich vorzüglich für überbackene Gemüseaufläufe. Als feingeschnittene Rohkost mit etwas Knoblauch, Zwiebeln und Schnittlauch ist Mangold eine Delikatesse für sich.

● **Kürbis** gehört zu einer der formenreichsten Gemüsesorten. Die zur Familie der Gurkengewächse zählende Frucht ist aufgrund ihres ungestümen Wachstums bei vielen Völkern ein wichtiges Grundnahrungsmittel. Im Naturkostladen werden neben Gartenkürbis und dem flachen, ufoförmigen Bratkürbis (Patisson) insbesondere gelber Potimarron- und dunkelgrüner Hokkaido-Kürbis angeboten. Die beiden letzteren Sorten unterscheiden sich von dem wuchernden Gartenkürbis durch eine kleinere, kompakte Form und einen geringeren Wassergehalt. Potimarron- und Hokkaido-Kürbis sind Gemüse von hohem Nährwert mit überdurchschnittlichen Mengen an Carotin. Aufgrund ihrer harntreibenden Wirkung sind sie bei Nierenerkrankungen zudem von gewisser diätetischer Bedeutung. Ihre Reifezeit liegt im Oktober. Voll ausgereift sind sie, wenn der Stiel verkorkt. Durch ihre harte Schale können sie den ganzen Winter bis ins Frühjahr hinein problemlos gelagert werden.

Kürbisse entfalten erst während des Kochens oder Einlegens ihr volles Aroma. Sie sind im Geschmack außerordentlich süß und lassen sich zu einer Vielzahl bekömmlicher Gerichte, vor allem zu Kürbissuppe, zubereiten. Die Schale von Potimarron und der japanischen Hokkaido-Züchtung läßt sich mitkochen und wird nach 15 Minuten schön weich. Eine Spezialität ist gefüllter Hokkaido-Kürbis. Vom Kürbis wird dazu ein Deckel abgeschnitten, das Kerngehäuse herausgenommen, der Kürbis mit Reis, Tofu, Zwiebeln und pikanten Kräutern gefüllt und im Backofen gegart.

● **Petersilienwurzeln**: Nicht nur das Kraut der Petersilie, auch ihre Wurzel kann verzehrt werden. Die weiße, der Pastinake täuschend ähnliche Wurzel eignet sich vorzüglich als Eintopf- und Suppeneinlage und läßt sich auch zusammen mit Möhren oder anderem Gemüse dünsten.

● **Meerrettich** ist eine seit tausend Jahren bekannte Wurzel. Sie enthält ein leicht beißendes, scharfes Senföl, das beim Reiben Tränen in die Augen treibt. Meerrettich unterstützt die Verdauung und wirkt zudem leicht antibiotisch. Aufgrund der Schärfe empfiehlt sich dessen Anwendung mehr als Gewürz, beispielsweise in die Suppe gerieben, oder, ebenfalls fein gerieben, als Brotaufstrich.

## Wildgemüse und Wildkräuter

Neben dem Kulturgemüse lassen sich eine ganze Reihe eßbarer Wildpflanzen in den Speiseplan integrieren. Die heutigen Kulturpflanzen sind weitgehend einseitige Zuchtergebnisse, wobei immer optisches Aussehen, Größe oder die Betonung bestimmter einzelner Inhaltsstoffe im Vordergrund stehen. Sie wachsen zum größten Teil auf ausgelaugten und verarmten oder überdüngten Böden. Die ursprüngliche Ausgewogenheit früherer Gemüsesorten findet sich heute lediglich in Wildgemüse und Wildpflanzen.

Wildgemüse hat zudem den Vorteil, daß es bereits zu Beginn des Frühjahrs gesammelt werden kann, noch Wochen oder Monate, bevor das erste Kulturgemüse erntereif ist. Durch seine außerordentlichen ernährungsphysiologischen Wirkstoffe kann es wesentlich dazu beitragen, die im Winter erfahrenen Vitalstoffmängel auszugleichen.

Das Sammeln von Wildpflanzen ist allerdings nicht ganz unproblematisch. Die starke Umweltbelastung mit Rückständen aller Art hat auch vor Wiesen, Wegrändern und Bachläufen nicht haltgemacht. Bester Sammelort ist die möglichst noch unberührte Natur, wo es einigermaßen sicher ist, daß Wiesen und Felder nicht mit Kunstdünger und Spritzgiften in Berührung kamen.

Auch ist zu beachten, daß einige Pflanzen, beispielsweise Schlüsselblume, Tausendgüldenkraut oder Sanddorn, vom Aussterben bedroht und daher geschützt sind. Wildgemüse will bewußt und maßvoll gesammelt werden. Eine Pflanzenart sollte an einem Standort nie völlig abgeerntet werden.

Was ist denn nun das Besondere an Wildpflanzen? An eigentlichen Nährstoffen sind in gewissem Umfang nur Kohlenhydrate enthalten. Eiweiß und Fette sind dagegen nur in geringen Mengen vertreten. Wildpflanzen zeichnen sich vornehmlich durch ihren auffallend hohen Vitamin- und Mineralstoffgehalt aus - oftmals weitaus mehr als in Gartengemüse üblich. Besonders wertvoll wird Wildgemüse zudem durch verschiedene Heilstoffe - Wildpflanzen sind größtenteils Heilpflanzen:

- Ätherische Öle wirken krampflösend, antiseptisch und teilweise antibiotisch;
- Bitterstoffe steigern die Speichelsekretion, machen Appetit und wirken fäulnis- und gärungshemmend;
- Saponine wirken auswurffördernd und harntreibend;
- Schleimstoffe lindern Reizungen;
- Phytonzide wirken entgiftend und bakterienhemmend und stärken die körpereigenen Abwehrkräfte.

Wildgemüse zeichnet sich durch einen ungewohnt herben bis bitteren Geschmack aus. Zur Eingewöhnung sollte es nur in kleinen Mengen, immer sehr fein geschnitten, dem Gartengemüse beigemischt werden. Zarte junge Blätter und Triebe lassen sich zu herzhaften Salaten anrichten. Beispielsweise werden junge Löwenzahnblätter in feine Streifen geschnitten und mit etwas Zitronensaft, Distelöl, feingehackten Zwiebeln und einer Prise Salz gewürzt. Sind die Blätter zu bitter, können sie in etwas Olivenöl sautiert und ebenfalls mit ein paar Tropfen Zitronensaft beträufelt werden.

Verschiedene Blätter, beispielsweise Bärlauch, lassen sich wie Spinatgemüse zubereiten. Daneben können Wildpflanzen überall da verwendet werden, wo es gilt, dem Menü eine besondere Note zu geben, z.B. für Suppen (Sauerampfer oder Brennessel), Saucen (Frankfurter Grüne Soße) oder zum Verfeinern von Aufstrichen (Kräuterbutter, Kräuterquark) und Omelettes.

# Roh oder gekocht?

Nicht nur Obst, auch fast alle Gemüsearten lassen sich ohne Probleme roh genießen. Schließlich begann der Mensch erst mit der Entdeckung des Feuers, seine Nahrung zu erhitzen. Entwicklungsgeschichtlich betrachtet liegt diese Zeit noch gar nicht so lange zurück. Die Sammlerkulturen der frühen Vorzeit lebten ausschließlich von Rohem. Selbst Fleisch wurde roh verzehrt.

In neuerer Zeit wurde Rohkost bewußt erstmals wieder von dem Schweizer Arzt Max Bircher-Benner aufgegriffen. Er lehnte jegliche gekochte Nahrung grundsätzlich ab. Durch seine klinische Praxis machte er die Erfahrung, daß rohe Pflanzennahrung der „totgekochten" Nahrung weit überlegen sei.

Die Thesen von Bircher-Benner finden heute in weiten Teilen der Naturkost-Szene große Beachtung. Namhafte Ernährungsexperten wie Dr. Schnitzer und Dr. Bruker treten für eine rohkost-orientierte Ernährungsweise ein.

In jüngster Zeit erhielt die Rohkostidee durch verschiedene modifizierte Ansätze neue Impulse. Zu nennen ist vor allem das „Fit for Life Program" des amerikanischen Ehepaars Harvey und Marilyn Diamond, die Instinktotherapie nach Claude Burger sowie die Vital-Ernährung nach Jamila Peiter. Gemeinsamer Nenner der verschiedenen Programme ist die starke bis ausschließliche Ausrichtung auf rohes Obst und Gemüse.

Analytisch betrachtet gilt es als gesichert, daß Kochen den Nährwert der Nahrung verschlechtert. Der Nährwert von Gemüse sinkt mit jeder Minute, die es erhitzt wird: Der Mineralgehalt wird herabgesetzt, das Eiweiß wird denaturiert, die Aroma- und Duftstoffe werden teilweise vernichtet, was den Verlust des natürlichen Geschmacks zur Folge hat. Gekochtes Gemüse muß erst wieder durch den Zusatz von Salz und Gewürzen schmackhaft gemacht werden.

Von Vertretern der Rohkostrichtung wird hervorgehoben, daß durch pflanzliche Rohkost die Verdauungsorgane voll in Anspruch genommen werden. Zwar können anfangs leichte Unverträglichkeiten wie Blähungen auftreten, bei entsprechender Gewöhnung werden die unerhitzten Ballaststoffe von rohem Gemüse jedoch als die effektivste Maßnahme zur Abwehr unerwünschter Mikroorganismen im Darm angesehen. Zudem werden die körpereigenen Abwehrkräfte gestärkt, so daß Krankheiten vorgebeugt wird.

Wie hoch der Anteil der Rohkost am Gesamtmenü liegen soll, wird unterschiedlich bewertet. Manche empfehlen ein Drittel, andere machen Rohkost zum Hauptbestandteil einer jeden Mahlzeit. Eine ausschließliche Ernährung mit Rohkost scheint jedoch lediglich für eine begrenzte Zeit empfehlenswert, und zwar als Heilnahrung oder Reinigungskur.

Für das Kochen spricht, daß das Gemüse durch das Garen bereits aufgeschlossener und bekömmlicher wird. Manche Gemüsearten, z.B. grüne Bohnen, sind zudem nur in gekochtem Zustand genießbar.

Für gekochte Nahrung plädieren vor allem die anthroposophische und die makrobiotische Ernährungslehre. Die Makrobiotik empfiehlt, selbst Früchte vor dem Verzehr leicht zu dünsten.

Ob nun roh oder gekocht, wir sollten daraus kein Dogma machen. Die goldene Wahrheit mag, wie so oft, irgendwo in der Mitte liegen.

## Tips für die Zubereitung von Gemüse

Gemüse sollte grundsätzlich immer gewaschen werden, und zwar bereits vor dem Zerkleinern. Die Anwendung von organischen Pflanzenschutzmitteln und Düngerpräparaten hinterläßt manchmal auch auf biologischem Gemüse fleckige, aber unschädliche Rückstände, die leicht abgewaschen werden können. Zudem lassen sich selbst einige auf dem Gemüse abgelagerte Umweltgifte wie beispielsweise Blei durch gründliches Waschen zu einem nicht unerheblichen Teil entfernen.

Die meisten Gemüsearten müssen nicht geschält werden. Selbst bei Möhren, Roter Bete, Sellerie und Kartoffeln ist nach sorgfältiger Reinigung die ganze Pflanze verwertbar. Bereits geputztes und zerkleinertes Gemüse wird unmittelbar weiterverwendet. Um unnötige Vitaminverluste zu vermeiden, setzen wir es nur so kurz wie möglich der Einwirkung von Sauerstoff aus. Viele der sekundären Inhaltsstoffe reagieren äußerst empfindlich auf Sauerstoff und verflüchtigen sich rasch. Auch zu langes Einlegen in Wasser laugt das Gemüse aus.

Carotinhaltiges Gemüse wie Möhren, Pastinaken und Kürbis werden der besseren Vitamin A-Aufnahme wegen mit etwas Öl oder Fett angerichtet. Viele der wert- und aromagebenden Stoffe im Gemüse sind wasserlöslich. Sie gehen während des Kochens zum großen Teil ins Kochwasser über. Dünsten mit wenig Wasser ist daher eine der schonendsten Kochmethoden.

Ein noch schonenderes Garverfahren als das Dünsten ist das Blanchieren. Dabei wird das Gemüse lediglich kurz in heißes Wasser getaucht oder damit überbrüht. Für das Blanchieren eignen sich vornehmlich zarte Blattgemüse. Spinat, Mangold, Endivien oder Brennnesseln werden dadurch bereits so gut wie gar.

Eine weitere vorzügliche Garmethode ist das Dämpfen. Hierzu bedienen wir uns eines metallenen Dämpfeinsatzes, der so gut wie in jeden Kochtopf gestellt werden kann. Der Topf wird lediglich einen Fingerbreit mit Wasser aufgefüllt, so daß das Gemüse im Dämpfeinsatz gar nicht mit dem Wasser in Berührung kommt. Das Gemüse wird durch den aufsteigenden Wasserdampf gegart. Zum Dämpfen eignen sich besonders gut zarte Blütengemüse wie Brokkoli und Blumenkohl, aber auch Kohlrabi, Kohlsorten und anderes lassen sich damit schonend und vor allem auch schnell garen.

Wird Gemüse dennoch einmal in Wasser gekocht, sollte das Kochwasser so weit wie möglich weiterverwendet werden, beispielsweise als Suppen- oder Saucengrundlage oder einfach als Brühe getrunken.

Gegartes Gemüse wird sofort serviert. Ein zu langes Warmhalten und späteres Aufwärmen insbesondere nitrathaltiger Gemüsearten ist zu vermeiden.

## Gemüsekonserven und Tiefkühlkost

Gemüsekonserven spielen bei einer natürlichen Ernährungsweise so gut wie keine Rolle. Frischem Gemüse ist immer der Vorzug zu geben. Es ist der Konserve im Nährwert und auch geschmacklich weit überlegen. Auch eingemachte Gemüseüberschüsse aus dem eigenen Garten sind nur begrenzt empfehlenswert: Sie werden zumeist im Winter verzehrt, zu einer Zeit also, wo es einer besonders vitaminreichen Kost bedarf. Doch gerade das können Gemüsekonserven und Eingemachtes nicht leisten - das Sterilisieren der Dosen und Gläser zerstört einen beträchtlichen Teil der hitzeempfindlichen Vitamine.

Dennoch findet sich im Naturkosthandel eine ganze Palette im Glas sterilisierter Gemüsesorten. Gegenüber konventioneller Ware im Glas haben sie lediglich den Vorteil, daß das Gemüse aus kontrolliert-biologischem Anbau kommt, zumeist wird auch auf den Zusatz von Kochsalz verzichtet. Eingelegte Arten wie Essiggurken, Kapern oder Oliven werden ausschließlich als Konserve gehandelt und haben daher durchaus eine gewisse Berechtigung, im Regal eines Naturkostfachgeschäfts zu stehen. Ebenfalls als Glasware angeboten wird Gemüse, das in der Saison nur kurze Zeit frisch zur Verfügung steht, beispielsweise Erbsen, Meerrettich, Maiskörner oder Sauerkraut. Anderes Gemüse wie Möhren, Rotkohl und Sellerie, die fast das ganze Jahr über auch frisch zu haben sind, sollten als Glaskonserve gemieden werden.

Eine Sonderstellung nehmen Tomatenprodukte ein. Was wären Vollkornspaghetti ohne die dazugehörige Sauce aus Tomatenmark? Zur Herstellung von Mark werden frische Tomaten weichgekocht und mit Hilfe eines Passiersiebes von den Kernen befreit. Der so gewonnene dickflüssige Tomatensaft wird unter Vakuum bei 45 ° C innerhalb einer Minute zu Mark eingedickt, in Gläser abgefüllt und pasteurisiert. Tomatenmark ist ein äußerst konzentriertes Produkt. Zur Herstellung eines 200 g-Gläschens bedarf es etwa 1,5 kg frischer Tomaten. Gerade bei konzentrierten Produkten ist auf biologische Qualität zu achten, da sich auch eventuelle Schadstoffe darin konzentrieren können. Neben Tomatenmark sind in kontrolliert biologischer Qualität auch Tomatensauce, geschälte Tomaten und Ketchup zu haben. Letzterer ist anstelle von Zucker mit Honig gesüßt.

Noch ein Wort zu tiefgefrorenem Gemüse und Obst. Seit 1960 ist der pro-Kopf-Verbrauch von Tiefkühlkost von jährlich 0,4 kg auf heute stolze 17 kg angestiegen. Während tiefgefrorene Ware in amerikanischen Naturkostläden und auch in deutschen Reformhäusern bereits eine Selbstverständlichkeit ist, blieb der hiesige Naturkosthandel von dieser zweifelhaften Errungenschaft moderner Kühltechnik bislang verschont. Zwar konnten Lebensmitteltechnologen nachweisen, daß durch die Tiefkühlung der quantitative Nährwert des betreffenden Gemüses kaum beeinträchtigt wird - Eiweiß, Vitamine u.a. bleiben dabei mengenmäßig voll erhalten -, andererseits wurde jedoch festgestellt, daß durch das Tiefgefrieren eine Strukturveränderung in den Zellen vor sich geht. Am augenscheinlichsten ist diese Tatsache, wenn einmal aufgetautes Gemüse oder Beerenobst nicht gleich verzehrt wird: es fällt rasch in sich zusammen. Inwieweit Tiefkühlung die Nahrungsqualität tatsächlich beeinträchtigt, ist bislang nicht erforscht - als eine naturgemäße Konservierungsmethode kann sie aber sicherlich nicht bezeichnet werden. Gegen die Gefriertechnologie spricht neben dem hohen Energieaufwand auch der Einsatz von Fluor-Chlor-Kohlenwasserstoffen (FCKW) als Aufschäum- und Kühlmittel.

# Keimlinge und Sprossen

Im alten China, in Ägypten und Mesopotamien gehörten verschiedene Sprossen und Keimlinge schon vor Jahrtausenden zu einem festen Bestandteil der Ernährung. Ihre Wiederentdeckung als wertvolle, hochkonzentrierte Nahrung liegt bei uns erst wenige Jahre zurück. Alle Getreidekörner, Nüsse, Bohnen und anderen Hülsenfrüchte sind Samen, die keimfähig sind. Aus jedem Samen kann eine neue Pflanze entstehen. Im Inneren jedes Samens befindet sich ein Keimling. Die Voraussetzungen zu seiner Entfaltung sind lediglich etwas Licht, Feuchtigkeit, eine bestimmte Temperatur und genügend Luftzirkulation.

Sprossen und Keimlinge versorgen uns zum Teil mit beträchtlichen Mengen an Vitaminen und Mineralstoffen. Keimsaaten vermögen es, Vitamin C und andere Vitamine zu synthetisieren, da die im Samen gespeicherten Vitaminvorräte nicht ausreichen, um den sich bildenden Keimling über die Wurzeln ausreichend zu versorgen. In kleinen Mengen findet sich darin auch hochwertiges Eiweiß. Die im Samen enthaltene Stärke wird während des Keimvorgangs zu kalorienarmen Kohlenhydraten abgebaut. Sprossen enthalten zudem lediglich einen geringen Anteil an Fetten. Sie sind damit die idealen Schlankmacher, die uns jedoch zugleich mit lebensnotwendigen Nährstoffen versorgen.

## Sprossenzucht

Sprossen sind preiswert. Ziehen wir sie selbst, sind sie billiger als jedes andere Gemüse. Und was besonders wichtig ist: Sprossen und Keimlinge schmecken vorzüglich. Ihre Aufzucht ist unkompliziert. Man braucht dazu lediglich ein paar einfache Geräte. Eine halbe Stunde Pflege, über drei Tage verteilt, ist dafür mehr als lohnend. Bei der Wahl der Samen sollten wir darauf achten, daß die Pflanzen, von denen sie stammen, ohne Schädlingsbekämpfungsmittel gezogen und die Samen auch nicht zur besseren Lagerung vorbeugend mit Beizmitteln behandelt wurden. Der eigene Sprossengarten macht es möglich, über biologisches, chemiefreies und absolut frisches Keimgemüse zu verfügen.

Zur Zucht von Keimlingen und Sprossen braucht man weder Erde noch Dünger. Ihre Herstellung ist zudem nicht an bestimmte Jahreszeiten gebunden. Sprossen können in jeder Küche auf kleinstem Raum gezogen werden. Als Hilfsmittel für die Sprossenzucht bieten sich verschiedene Alternativen an. Die sicherlich einfachste und problemloseste Art ist das Keimen mit einem Keimapparat. Er besteht zumeist aus drei übereinander gesetzten Keimschalen und einer darunter liegenden Auffangschale. In diesem Minigewächshaus lassen sich je nach Bedarf gleichzeitig verschiedene Samen ansetzen. Zur Bewässerung wird Wasser in die obere Schale gegossen. Durch die in den Keimschalen eingearbeiteten Ablaufsyphons durchläuft das Wasser jede Keimschale und endet schließlich in der Auffangschale. Die in den Rillen der Schalen zurückbleibende Feuchtigkeit ist ausreichend, um den Keimprozeß in Gang zu setzen.

# Keimsaaten

Was läßt sich alles keimen? Beginnen wir zunächst mit den Hülsenfrüchten. An erster Stelle sei die Sojabohne erwähnt. Sojasprossen zählen im ostasiatischen Raum zum beliebtesten Frischgemüse und sind auch bei uns auf dem Wege, sich einen festen Platz auf dem Speiseplan zu erobern. Von den verschiedenen Bohnenarten wird vornehmlich die grüne Mungbohne zum Keimen gebracht. Daneben lassen sich auch aus der gelben Sojabohne und aus roten Adukibohnen knackige Sprossen ziehen. In 5 bis 6 Tagen reift aus der Bohne ein etwa 3 cm langer, vitaminreicher Keimling heran.

Auch Linsen lassen sich hervorragend keimen. Ganz einfach können auch Kichererbsen gekeimt werden. Nach vorherigem Einweichen benötigen sie lediglich eine Keimzeit von 2 bis 3 Tagen, bis der Keim etwa 1 cm lang ist. Keimen Kichererbsen länger, so werden sie leicht bitter.

Eines der beliebtesten Sprossengemüse ist Alfalfa, das auch unter dem Namen Luzerne bekannt ist. In Amerika hat Alfalfa bereits den Sojasprossen den Rang abgelaufen. Im Wuchs ist es der Kresse ähnlich, es hat jedoch einen viel milderen Geschmack. Alfalfa wird oft als „Königin der Sprossen“ bezeichnet. Eine halbe Tasse Alfalfa-Sprossen hat etwa denselben Vitamin C-Gehalt wie sechs Gläser Orangensaft.

Eine bislang relativ unbekannte Samenart ist Bockshornklee. Wie Alfalfa zählt auch Bockshornklee botanisch zur Familie der Leguminosen. Die eigenartig rautenförmigen Samen werden vielfach zermahlen und zu Saucen oder als Gewürz (z.B. Curry) verwendet. Gekeimter Bockshornklee ist von aromatischem Geschmack und läßt sich gut zum Garnieren von Salaten verwenden.

Neben den Hülsenfrüchten versorgt uns vor allem Getreide mit wertvollem Keimgemüse. Am bekanntesten sind Weizenkeime. Weizen läßt sich sehr leicht keimen und schmeckt zudem gut. Während des dreitägigen Keimvorganges bildet sich am Keimling ein weißer Flaum, der nicht mit Schimmel verwechselt werden darf. Weizenkeimlinge lassen sich besonders gut als Müsli anrichten. Eine andere Verwendungsform von gekeimtem Weizen ist die Herstellung eines Fladenbrotes, sogenanntes Essener Brot. Die Keimlinge werden dazu gemahlen und ohne Zusatz von Triebmitteln bei schwacher Temperatur ausgebacken. Durch die während des Keimens bedingte Umwandlung von Stärke in Zucker erhält das Brot eine leichte natürliche Süße.

Von den Ölfrüchten eignen sich neben ungeschälter Sesamsaat und Leinsaat auch geschälte Sonnenblumenkerne zum Keimen. Sonnenblumenkerne sind ein besonders kräftig schmeckendes Keimgemüse. Sie bedürfen lediglich einer Keimdauer von zwei Tagen. Keimen sie länger, werden sie wie die Kichererbsen leicht bitter.

Vorzügliche, äußerst würzige bis scharfe Keimlinge lassen sich aus Kresse, Senf und Radieschen ziehen. Kresse ist das bei uns bekannteste Sprossengemüse, das den Sprung in die Supermärkte geschafft hat. Senfkeimlinge haben einen besonders hohen Gehalt an Chlorophyll. Ähnlich dem Weizen entfalten sich auf den Senfsprossen schimmelähnliche feine weiße Würzelchen, die ebenfalls völlig harmlos sind.

Letztlich seien noch die Doldengewächse erwähnt. Hiervon lassen sich vor allem die Keimlinge von Karotten-, Fenchel-, Sellerie- und Petersiliensamen verwenden. Im Grunde können eigentlich alle gekeimten Saaten genossen werden. Ausgenommen sind lediglich Nachtschattengewächse wie Tomaten und Kartoffeln.

Keimlinge werden am besten roh verzehrt. Sie sind eine äußerst nahrhafte und schmackhafte Bereicherung von Salaten, Getreide, Gemüse, Müsli und eignen sich gut als Sandwich-Belag.

Noch ein Wort zum Giftgehalt von rohen Sojasprossen. Sojabohnen und andere Hülsenfrüchte enthalten von Natur aus giftige Substanzen.

Durch Kochen der Bohnen können diese Giftstoffe so gut wie völlig abgebaut werden. Zum Keimen von Sojabohnen werden bekanntlich die rohen, ungekochten Bohnen genommen. Während des Keimvorgangs wird die Giftwirkung nur zum Teil abgebaut. Werden Sojasprossen regelmäßig genossen, so sollten sie kurz erhitzt werden. Es empfiehlt sich, die Sprossen vor dem Verzehr 1 bis 2 Minuten zu blanchieren, also mit kochendem Wasser zu überbrühen, oder mit anderem Gemüse kurz mitzudünsten. Sie verlieren dadurch allerdings nicht nur ihre Giftwirkung, sondern auch einen Teil ihres Vitamingehalts und sind zudem nicht mehr so knackig. Ißt man Sojasprossen nur gelegentlich, so können sie roh verzehrt werden - den Chinesen haben sie bislang nicht geschadet.

## Weizengras

In Amerika wurde mit Weizen- und Gerstengras bereits eine neue Variante von Keimgemüse kreiert. In kompostierter Erde werden Weizenkeimlinge bis zu einer Höhe von 20 cm gezogen. Nach 10 bis 15 Tagen gleichen sie bereits einer saftig-grünen Graslandschaft und können geerntet werden. Aus dem Weizengras wird ein Saft gepreßt, der überaus reich an Chlorophyll ist. Dem Chlorophyll wird eine blutbildende und bakterienhemmende Wirkung nachgesagt. Weizengras ist stark vitamin- und enzymhaltig. Es fördert die Verdauung und wirkt entgiftend auf den Körper. Außerdem soll es die Erneuerung der Zellen beeinflussen. In der von den Amerikanern Ann Wigmore und Victoras Kulvinskas propagierten ausschließlichen Rohkosternährung bilden Sprossen und Grassäfte neben Früchten die Haupternährungsgrundlage.

# Meeresgemüse

Von einigen nordeuropäischen Ländern abgesehen, werden Algen hierzulande kaum als Nahrung genutzt. Kaum bekannt ist auch, wie sie sachgerecht und geschmackvoll zubereitet werden können. Typischen Klischeevorstellungen zufolge sind Algen glitschig, von aufdringlichem, fischigem Geschmack und darüber hinaus auch noch zäh.

Algen zählen in Ländern wie Japan, China und Korea zu den Grundnahrungsmitteln. In Japan wird Meeresgemüse genauso hoch angesehen wie Gemüse aus dem Garten. Seit Urzeiten begünstigen in Ostasien lange Küsten und eine überaus reiche und vielseitige Meeresflora den weitverbreiteten Gebrauch von Meeresgemüse. Die Japaner sind eines der wenigen Völker, die diesen Vorteil voll zu nutzen wußten. Archäologische Funde weisen darauf hin, daß Meeresalgen den Menschen bereits vor 10.000 Jahren als Nahrung dienten. Algen wurden damals wohl ebenso selbstverständlich gegessen wie Fische, Muscheln und Krabben.

Meeresgemüse ist in Japan in den letzten Jahrzehnten so populär geworden, daß die Algen, die vormals ausschließlich wild gesammelt wurden, den Bedarf nicht mehr decken, so daß deren Kultivation notwendig wurde. Meeresalgen spielen heute in der japanischen Küstenfischerei eine wichtige Rolle. Ernte, Trocknung, Verarbeitung und Vermarktung sind zu einem bedeutenden wirtschaftlichen Faktor geworden. Japan erlebt heute einen noch nie dagewesenen Algenboom. Meeresgemüse ist aus der japanischen Küche nicht mehr wegzudenken und leistet dank seines hohen Nährwertes einen wertvollen Beitrag zur Vitalität und Gesundheit der Japaner.

In der westlichen Welt wurde Meeresgemüse in den letzten 20 Jahren vornehmlich durch die Makrobiotik bekannt. Getrocknete Meeresalgen finden sich heute bereits in jedem gut sortierten Naturkostladen. Sie werden besonders wegen ihres hohen Mineral- und Vitamingehalts geschätzt.

## Nährstoffe

Getrocknete Algen setzen sich in erster Linie aus Kohlenhydraten, Eiweiß sowie Vitamin- und Mineralstoffen zusammen. Kohlenhydrate machen den prozentual größten Anteil aus, der je nach Algenart zwischen 40 und 60 % liegt. Sie enthalten einen beträchtlichen Anteil an verdauungsfördernden Ballaststoffen.

In Algen findet sich hochwertiges Eiweiß. Der Anteil variiert je nach der Art, der Erntesaison und dem Alter der Pflanzen zwischen 5 und 35 %. Die Qualität ist mit anderen pflanzlichen Eiweißquellen vergleichbar und kommt in seiner Wertigkeit fast an das Eiweiß des Hühnereis heran. Besonders hervorzuheben ist der hohe Eiweißanteil der Rotalge Nori - er liegt bei 35 % und ist damit ähnlich hoch wie bei der Sojabohne.

Ernährungsphysiologisch herausragend ist der enorm hohe Mineralstoffgehalt von Algen. Meeresalgen enthalten mehr Mineralstoffe als jedes andere Nahrungsmittel. Aufgrund der Aufnahmefähigkeit ihres äußeren Zellgewebes sind sie wie kaum eine andere Pflanzengattung in der Lage, mineralische Substanzen aus dem Meerwasser zu absorbieren. Alle vom menschlichen Organismus benötigten Mineralien sind in ausreichendem Maße darin zu finden, allen voran Calcium, Eisen, Jod und Phosphor. Verschiedene Braunalgen enthalten mehr als 1.000 mg Calcium - das entspricht der 10-14fachen Menge der als calciumreich bekannten Kuhmilch. Bislang ist allerdings ungeklärt, ob das in den Algen enthaltene Calcium ebenso gut vom Körper verwertet werden kann wie das der Milch.

Auch der Jodgehalt von Algen liegt weit über dem Durchschnitt. Da jodhaltige Nahrung außerhalb des Meeres oft nur in geringem Maß zu finden ist, tritt Jodmangel besonders bei Menschen auf, die weitab von Meeresküsten leben. Für die Deutsche Gesellschaft für Ernährung ist eine ausreichende Jod-Zufuhr insbesondere in Süddeutschland nicht immer gewährleistet. Jod wird vor allem in der Schilddrüse gespeichert und wirkt regulierend auf den Hormonhaushalt des Körpers. Der Zusammenhang zwischen Jodmangel und Kropfbildung ist bereits seit Jahrtausenden bekannt. Die Chinesen behandeln den Kropf seit alters her mit der Asche jodhaltiger Braunalgen wie Kombu. Andererseits können hohe Jodwerte, wie sie sich insbesondere in Kombualgen finden, zu einer Schilddrüsenüberfunktion führen. Das Bundesgesundheitsamt sah sich Ende der 80er Jahre genötigt, Kombu und andere besonders jodhaltige Meeresalgen in verschiedenen Bundesländern zeitweise aus dem Verkehr zu ziehen. Bei dem Verbot wurde jedoch nicht berücksichtigt, daß Algen in äußerst kleinen Mengen verzehrt werden und bei Menschen mit normaler Schilddrüsentätigkeit zu keinen gesundheitlich nachteiligen Folgen führen.

Auch wegen ihres hohen Vitamingehalts werden Algen geschätzt. Nahezu alle Meeresalgen verfügen über beträchtliche Anteile an Vitamin A, B1, B2, C und Niacin, wobei Nori die mit Abstand höchsten Werte aufweist. Nori enhält 10mal soviel Vitamin A wie Mohrrüben und 100mal soviel wie Paprikaschoten.

## Schwermetalle und Radioaktivität

Die zunehmende Verschmutzung der Küstengewässer mit Schwermetallen, Öl und chemischen Industrieabfällen aller Art beeinflußt auch die Qualität von Meeresgemüse. Algen sind nicht nur in der Lage, in ihren Zellen wertvolle Mineralstoffe zu konzentrieren; sie speichern auch einige als schädigend bekannte Umweltgifte in nicht unbeträchtlichem Maß. Abgesehen von bislang bescheidenen Importen von der französischen Bretagneküste wird der weitaus größte Teil aller Meeresalgen aus Japan eingeführt. Japanische Algen werden hauptsächlich im Norden vor den Küsten Hokkaidos geerntet. Die kalten Gewässer Hokkaidos gelten mangels Industrieansiedlungen als relativ gering belastet. Dennoch weisen Algen relativ hohe Cadmium- und Bleiwerte auf. Der Gehalt an Schwermetallen kann im Meeresgemüse bis zu 20mal höher liegen als im Landgemüse. Die in den Algen aufgefundenen Werte beziehen sich jedoch immer auf das Trockengewicht. Legt man daher dem Vergleich die durchschnittliche Blei- und Cadmiumbelastung von getrockneten Möhren oder Champignons zugrunde, so nähern sich die Werte von Land- und Meerespflanzen beträchtlich an. Hinzu kommt, daß Algen äußerst konzentrierte Nahrungsmittel sind, die nur in kleinen Mengen verzehrt werden. In der makrobiotischen Ernährung beispielsweise machen Algen nur bis zu 5 % der täglichen Nahrung aus.

Neueren Untersuchungen zufolge scheint es allerdings auch möglich zu sein, daß Algen zur Entgiftung des Körpers von eben diesen Schwermetallen beitragen könnten. Forschungen der japanischen Biologen und Algenexperten Seibin & Teruko Arasaki deuten darauf hin, daß die in allen Braunalgen reichlich enthaltene Alginsäure in der Lage ist, bestimmte Schwermetalle zu binden, so daß diese nicht vom Organismus aufgenommen werden bzw. sich darin nicht anreichern. In ihrem 1983 erschienen Buch „Vegetables from the Sea“ kommen die Arasakis zu dem Schluß, daß „Schwermetalle durch die Alginsäure im Darm unlöslich bleiben und daher nicht vom Zellgewebe absorbiert werden können“. Durch den regelmäßigen Verzehr von Algen, so die Arasakis, können diese Stoffe ausgeschieden werden.

Zu ganz ähnlichen Ergebnissen kamen Wissenschaftler an der kanadischen McGill Universität in Montreal. Ein dortiges Forschungsteam verwies bereits in den 60er Jahren auf das Vermögen der Alginsäure, Schwermetalle auszuscheiden; namentlich genannt wurden in diesem Zusammenhang Cadmium, Barium und Zink. Dasselbe Forschungsteam schrieb Alginsäure darüber hinaus die Fähigkeit zu, radioaktives Strontium aus dem Körper auszufällen. Alginsäure sei in der Lage, den größten Teil des Strontiums im Darm zu binden und über den Darm wieder auszuscheiden.

In einer von dem Amerikaner Stara ebenfalls in den 60er Jahren durchgeführten Versuchsanordnung konnte sogar demonstriert werden, daß selbst Strontium, das bereits in den Knochen eingelagert war, durch die Zufuhr von Alginsäure reduziert werden konnte. Alginsäure wird daher von vielen Experten als präventive Maßnahme zum Schutz vor Strontium angesehen.

**Schwermetalle in Meeresgemüse (in ppm)**

| Algenart | Cadmium | Blei | Quecksilber |
|---|---|---|---|
| Kombu, jap. | 0,10-0,30 | 0,8 | 0,005-0,022 |
| Kombu, franz. | 0,09-0,25 | 0,4-0,5 | - |
| Nori, jap. | 0,20-0,40 | 0,5-1,1 | 0,005 |
| Wakame, jap. | 0,2 | 0,80 | 0,005 |
| Dulse, franz. | 0,1 | 1,05 | 0,023 |
| Hijiki, jap. | 0,9 | 0,56 | 0,020 |

*Quelle: East West Journal Nr.9/1983*

# Algenarten

Weltweit gibt es schätzungsweise 40.000 Algenarten. Diese sind zum Teil grundverschieden und repräsentieren keine botanische Einheit. Die Artenvielfalt reicht von mikroskopisch winzigen Einzellern bis zu mehreren Dutzend Meter langen und 100 kg schweren Riesentangen. Entsprechend ihrem mengenmäßigen Anteil an Farbpigmenten werden Braun-, Grün-, Rot- und Blaualgen unterschieden. Für Nahrungszwecke lassen sich etwa 100 Arten nutzen, in erster Linie Braun- und Rotalgen. Auf dem deutschen Markt sind in getrockneter Form bislang folgende Arten erhältlich:

● **Kombu**, auch Kelp genannt, gehört zur Familie der Braunalgen und wird außerhalb Japans auch vor der französischen und der nordamerikanischen Atlantikküste geerntet. Die etwas feste, dicke Alge wird in Japan in mehr als 100 verschiedenen Sorten, Größen und Qualitäten gehandelt. Neben dem in dünne Fäden geschnittenen Salat-Kombu ist auf dem deutschen Markt auch Tororo-Kombu erhältlich. Hierbei handelt es sich um eine Alge, die fein gehobelt und in Reisessig mariniert wird. Sie wird als pikant säuerliches Würzmittel verwendet und muß nicht gekocht werden. Kombu ist besonders reich an Alginsäure, Eisen, Jod und Vitamin B2. Es wird in erster Linie zur Herstellung von Kombu-Dashi, einer klaren Suppenbrühe, benutzt und läßt sich daneben auch als Suppenbeilage, als Beigabe zu Pickles oder einfach sautiert mit anderem Gemüse verwenden.

● **Wakame**, ebenfalls eine Braunalge, ist eine dünnblättrige und in ihrer Konsistenz ganz weiche Alge. Sie enthält einen beachtlichen Anteil an Eiweiß, daneben auch einen hohen Gehalt an Calcium, Eisen und Kalium. Wakame ist fester Bestandteil einer jeden Misosuppe. Es eignet sich darüber hinaus auch vorzüglich zu Salaten.

● **Mekabu** ist der mineralstoffreiche untere Teil von Wakame. Die geschmacklich etwas strenge Alge wird besonders von Frauen als linderndes Heilmittel bei Unterleibsbeschwerden geschätzt.

● **Hijiki** ist ein in viele kleine Stiele verzweigtes, tiefschwarzes Seegras. Es enthält überdurchschnittliche Mengen an Calcium und Kalium und ist auch reich an Eisen und Vitamin B2. Von Kennern wird es als eine der wohlschmeckendsten Algen geshätzt. Hijiki bietet sich vornehmlich sautiert zusammen mit Möhren oder anderem Wurzelgemüse an.

● **Arame** ist eine in fadendünne Streifen geschnittene Braunalge von äußerst mildem Geschmack. Sie eignet sich als Suppeneinlage, zu Salaten oder als Gemüse sautiert. Aufgrund ihres fast neutralen Aromas empfiehlt sich Arame besonders als „Einstiegsalge".

● **Nori**, eine Rotalge, zählt nicht nur mengenmäßig, sondern auch geschmacklich zu den bedeutendsten Algenarten. Im Unterschied zu den meisten Braunalgen, die teilweise noch wild wachsen, wird Nori ausschließlich kultiviert. Nach der Ernte werden die Algen mechanisch zerkleinert, zwischen Bambusmatten zu papierdünnen Blättern gepreßt und getrocknet. Nori ist außerordentlich eiweiß- und vitaminreich. In Japan ist diese Algenart ein unverzichtbarer Bestandteil bei der Zubereitung eines überaus populären Nationalgerichtes, den Sushirollen.

● **Dulse**, eine weitere Rotalge, gehört zu den wenigen Algenarten, die auch auf dem europäischen Kontinent seit Jahrhunderten eine gewisse Tradition als Nahrungsmittel haben. Dulse wird vornehmlich in manchen nordeuropäischen Ländern wie Irland und Schottland gegessen. Diese Alge wird heute wieder verstärkt vor der französischen Küste geerntet und läßt sich gut als Suppeneinlage oder zu Salat verwenden.

● **Agar Agar** ist der Handelsname für ein gelatineähnliches Produkt, das aus verschiedenen Rotalgen hergestellt werden kann. Unter den Algenarten nimmt Agar Agar eine Sonderstellung ein, da es als Geliermittel verwendet und nicht als Gemüse zubereitet wird. Zur Herstellung von Agar Agar werden die Algen zu einer halbfesten, gelierten Masse aufgekocht, in Stangen geschnitten und getrocknet. Agar Agar hat die Fähigkeit, Wasser zu binden, und wird daher in erster Linie zum Andicken von Desserts oder sogenannten Gemüse- und Früchtekanten verwendet. Mit heißem Wasser aufgekocht und anschließend kühl gelagert, wird es binnen einer Stunde fest. Gelöstes

Agar Agar ist glasklar und vollkommen geschmacksneutral. Es ist in Flocken- und Pulverform erhältlich.

● **Spirulina** ist eine blaugrüne Mikroalge von weniger als 1 mm Länge. Sie ist in wüstenhaften Salzseen im Tschad und in Mexiko beheimatet und wird seit wenigen Jahren in Teichkultur erfolgreich gezüchtet. Spirulina verfügt wie kaum eine andere Pflanze über ein konzentriertes Potential an Nähr- und Wirkstoffen. Die Alge besteht zu 60 bis 70 % aus hochwertigem Eiweiß mit allen essentiellen Aminosäuren und verfügt über überdurchschnittliche Mengen an Vitamin B1, B2 und vor allem B12. Die im Reformhaus als getrocknetes Pulver oder auch als Dragee erhältliche Alge wird in erster Linie als Vitamin- und Ergänzungsstoff, als Fitneßpräparat für Sportler und als Appetitzügler für Übergewichtige angeboten.

# Pilze

Pilze zählen wie Algen und Flechten zu den niederen Pflanzen. Sie entwickeln keine Blätter, Blüten oder Früchte. Anders als Blütenpflanzen, die durch Chlorophyll mittels Photosynthese Energie aus dem Sonnenlicht umwandeln können, gedeihen Pilze vornehmlich auf Abfallprodukten der Natur. Sie zersetzen quasi bereits Abgestorbenes und spielen so eine nicht unbedeutende Rolle im Stoffwechselprozeß eines Ökosystems. Der bevorzugte Lebensraum der hut- oder schirmförmigen Gebilde sind Waldböden und verrottetes Holz.

Aufgrund ihrer besonderen Fähigkeit, Umweltgifte wie Cadmium, Quecksilber und vor allem auch radioaktive Substanzen in überdurchschnittlichen Mengen anzureichern, sind wildwachsende Pilze jedoch in Verruf geraten. Bedenkliche Cadmiumkonzentrationen sind vor allem in wilden Champignonarten zu finden. Als Alternative zu selbstgesammelten Wiesenchampignons, Steinpilzen und Pfifferlingen empfiehlt es sich aus diesem Grund, auf Kultur- oder Zuchtpilze zurückzugreifen, die nicht stärker mit Umweltgiften belastet sind als andere Gemüse auch.

Zuchtpilze sind eine relativ neue Bereicherung des Speiseplans. Erst im Jahre 1820 gelang es, den heute weit verbreiteten Champignon zu kultivieren. In der menschlichen Ernährung spielen Pilze bis heute eine lediglich untergeordnete Rolle. Der jährliche pro-Kopf-Verbrauch beläuft sich gerade auf 2,5 kg, und ein nicht unbeträchtlicher Teil davon kommt als Konservenwaren auf den Tisch.

Zuchtpilze werden je nach Art auf einem Substrat aus Stroh, Mist oder Holz gezogen. Die in Laboratorien hergestellte Pilzbrut wird auf das jeweilige Substrat ausgebracht und bildet ein wucherndes Fadengeflecht, aus dem schließlich der Pilz entsteht. Verschiedene Anbauverbände des biologischen Landbaus haben Richtlinien für die Zucht von kontrolliert biologischen Pilzen erlassen. Die bei der konventionellen Pilzzucht übliche Anwendung von Desinfektionsmitteln, gechlortem Wasser oder die Verpackung in mit Holzschutzmitteln behandelten Kästen ist hier ausgeschlossen. Im Naturkosthandel werden mit Ausnahme von Shiitake bislang ausschließlich frische Zuchtpilze angeboten.

● **Champignons** sind die weltweit am meisten kultivierten Zuchtpilze. Sie gedeihen am besten auf einem Substrat aus Hühner- oder Pferdemist und werden bereits in einer Vielzahl von verschiedenen Farben und Größen angeboten. Im Naturkosthandel sind vornehmlich weiße Champignons und bräunliche Steinchampignons vertreten, die das ganze Jahr über erhältlich sind. Junge frische Pilze kann man an ihren geschlossenen Köpfchen erkennen; je weiter sich der Kopf zu einem Schirm öffnet, desto älter und geschmacklich weniger gut sind sie.

● **Austernpilze** sind eine neuere Züchtung; sie werden vornehmlich auf feuchten Strohsäcken kultiviert. Die muschelförmigen, auf kurzen Stielen sitzenden beigefarbenen Fruchtkörper sprießen oftmals büschelweise hervor. Austernpilze werden als Delikatesse geschätzt und finden sich heute auf der Speisekarte zahlreicher Feinschmeckerlokale.

● **Shiitake**-Pilze sind die mit Abstand ältesten Zuchtpilze. In Japan werden sie bereits seit etwa 2.000 Jahren kultiviert. Sie wachsen auf verrotteten Holzstämmen und zeichnen sich durch festen Biß und ein gutes Aroma aus. Shiitake werden in Japan auch für diverse medizinische Zwecke verwendet. Neben den aus Japan eingeführten, getrockneten Shiitake-Pilzen werden zunehmend frische, in Deutschland gezogene Shiitake angeboten. Da sie nur geringe Erträge liefern, sind sie weitaus teurer als andere Zuchtpilze.

● **Braunkappen** werden seit den 60er Jahren gezüchtet, zumeist auf Strohballen im Freiland. Die bis zu 15 cm hohen Pilze werden nur saisonal gehandelt.

Pilze enthalten nur wenige essentielle Nähr- und Wirkstoffe. Sie bestehen, ähnlich wie Gemüse und Früchte, zu 86 bis 92 % aus Wasser. Kohlenhydrate machen 2 bis 6 % Frischmasse aus, überwiegend in Form von Mannit. Stärke fehlt völlig. Fette sind mit einem halben Prozent ebenfalls unterrepräsentiert. Bemerkenswert ist lediglich der Eiweißanteil, der bis zu 5 % betragen kann; Champignons und Steinpilze z.B. enthalten etwa 3 %, Pfifferlinge 1,5 % Eiweiß. Die Gerüst- und Ballaststoffe bestehen nicht, wie bei den meisten anderen Pflanzen, aus Zellulose, sondern aus dem ebenfalls unverdaulichem Chitin. Erwähnenswert sind ferner noch geringe Anteile an den Vitaminen B1 und B2 sowie der Eisen- und Kaliumgehalt. Insgesamt gesehen tragen Pilze nicht wesentlich zur Nährstoffversorgung bei. Allein aufgrund ihres abwechslungsreichen Geschmacks sind sie eine willkommene Bereicherung der vollwertigen Küche. Sie lassen sich vielfältig zubereiten, sei es gedünstet, gebacken, fritiert oder gegrillt. Junge Champignons können auch einfach roh als Zutat zu Salaten verzehrt werden.

Von verschiedenen Seiten werden Pilze für die menschliche Ernährung jedoch nur mit Vorbehalt empfohlen. Die anthroposophische Ernährungskunde zum Beispiel weist auf den völlig andersartigen Stoffwechsel hin. Pilze seien dem „wäßrig-dunklen, halblebendigen Erdbereich“ verbunden. Ebenso schnell, wie sie über Nacht aus dem Boden schießen, sind sie dem Zerfall preisgegeben. Darüber hinaus neigen viele Pilze zur Giftbildung, andere haben eine berauschende Wirkung.

Noch ein Tip zur Zubereitung: Pilze enthalten, ähnlich dem Fisch, ein besonders leicht verderbliches Eiweiß. Sie sollten von daher möglichst frisch zubereitet und vor allem nicht mehr aufgewärmt werden. Bei zubereiteten Pilzen bilden sich bereits nach kurzer Zeit Abbauprodukte wie Ammoniak, Harnsäure und zum Teil hochgiftige Aminosäuren - durch mehrmaliges Aufwärmen können so aus harmlosen Speisepilzen schnell Giftpilze werden.

# Kräuter und Gewürze

Kräuter und Gewürze sind ein integraler Bestandteil der naturgemäßen Küche. Nahrung und Gewürze bilden zusammen eine Einheit. Im richtigen Maß angewendet, eröffnen sie uns eine große geschmackliche Variationsbreite. Aromatische Gewürze wirken appetitanregend und machen viele Speisen bekömmlicher. Sie aktivieren die Absonderung von Speichel-, Magen- und Darmsäften, fördern die Verdauungstätigkeit und sind damit auch ernährungsphysiologisch bedeutend.

Alle Gewürzpflanzen verdanken ihre Würzkraft verschiedenen Aroma-, Bitter- und Scharfstoffen, die in Wurzeln, Blättern, Blüten oder Samen angereichert sind. Diese Stoffe enthalten neben Gerbsäure insbesondere ätherische und schwefelhaltige Öle.

Richtiges Würzen ist eine Kunst. Sie erfordert neben Fingerspitzengefühl und Erfahrung auch ein wenig Pflanzenkenntnis, vor allem aber Mut zum Experimentieren. Gewürze sollten sich nie in den Vordergrund drängen. Es sollte immer so gewürzt werden, daß der Grundcharakter der Speise erhalten bleibt. Durch die hinzugefügten Gewürze erhält eine Speise lediglich eine bestimmte Note. Gewürze können mithelfen, Einseitigkeiten verschiedener Nahrungsmittel auszugleichen und so die Qualität der Nahrung aufzuwerten. Manche Gewürze nehmen eine Mittelstellung zwischen Nahrungs- und Heilmitteln ein. Sie wirken weder aufbauend noch spezifisch heilend, und doch aktivieren sie den gesamten menschlichen Organismus.

Die Leistungsfähigkeit bestimmter Organe kann mit Hilfe von Gewürzen gesteigert und gesteuert werden. Gewürze wie Paprika, Meerrettich, Knoblauch, Thymian und Salbei können Bakterien unschädlich machen; dem Knoblauch wird eine antibiotische Wirkung nachgesagt, die dem Penicillin ähnlich ist. Andere Gewürze wirken gegen Fäulnis im Verdauungstrakt und beugen bestimmten Krankheiten vor. Aus ernährungsphysiologischer und ökologischer Sicht sind einheimische Gewürze oder solche, die aus dem nahen Mittelmeerraum stammen, zu bevorzugen. Gewürze gedeihen am besten unter südlicher Sonne, wo sich die aromatischen Wirkstoffe voll entfalten können. Eine Reihe von Küchenkräutern in kontrolliert biologischer Qualität werden daher in Italien, Südfrankreich und Griechenland gezogen.

Von gängigen Kräutern wie Petersilie und Schnittlauch einmal abgesehen, sind nur wenige Kräuter das ganze Jahr über frisch erhältlich. Frische Kräuter haben im Vergleich zu getrocknetem Kraut ein viel intensiveres Aroma. Sie sollten daher immer vorgezogen werden. Sofern sie frisch nicht verfügbar sind, kann man sich helfen, indem man einen kleinen „Kräutergarten" anlegt. Auf dem Balkon oder auf dem Küchenfensterbrett lassen sich in Blumenkästen verschiedene Kräuter wie Majoran, Dill oder Bohnenkraut relativ einfach und mit geringem Aufwand selber ziehen.

Getrocknete Kräuter wollen sorgfältig gelagert sein, d.h. sie sollten trocken, dunkel und nicht zu lange aufbewahrt werden. Am besten eignen sich dazu getönte Apothekengläser. Die beste Würzkraft liefern Kräuter in dem Jahr nach ihrer Ernte.

## Einheimische Gewürze und Kräuter

Wir kennen heute nur noch einige wenige Standardgewürze. Das Wissen, wie das überaus breite einheimische Gewürzspektrum sinnvoll und in kreativer Weise angewendet werden kann, ist uns weitgehend verlorengegangen. Heimische Gewürzpflanzen überraschen jedoch durch ihre vielfältigen Geschmacksrichtungen - sie reichen von bitteren Wildkräutern, scharfem Paprika und Meerrettich, öligem Thymian und Majoran bis hin zu süßen Doldenblütlern wie Anis und

Fenchel. Eine umfassende Darstellung aller Gewürze würde an dieser Stelle zu weit führen. Für detaillierte Informationen sei daher auf entsprechende Kräuterbücher verwiesen.

## Fremdländische Gewürze

Neben einheimischen Gewürzen nehmen vor allem Gewürze aus den Tropen und Subtropen einen immer breiteren Raum in unserer Küche ein. Noch vor wenigen Jahrhunderten wurden Gewürze aus dem Orient als erlesene Kostbarkeiten gehandelt. Es gab Zeiten, in denen Gewürze das wirtschaftliche, politische und kulturelle Leben beeinflußten. Als die Araber den Landweg von Ägypten bis hin nach Indien beherrschten, waren sie dadurch gleichzeitig im Besitz eines Gewürzmonopols, welches sie gewinnbringend nutzten. Auch die Kaufleute von Venedig gründeten ihren Reichtum auf den Gewürzhandel. Und die Bedeutung des Pfeffers war im Mittelalter so groß, daß er unter den Fürsten und Königen als Zahlungsmittel diente. Bis in unser Jahrhundert hinein blieben exotische Gewürze immer ein Privileg des Adels und der Reichen. Heute dagegen ist es geradezu selbstverständlich, daß wir neben unseren einheimischen Kräutern auch über importierte Gewürze aus allen möglichen Ländern verfügen können. Viele exotische Gewürze sind bereits in kontrolliert biologischer Qualität erhältlich.

● **Anis** stammt vermutlich aus Ägypten und wird heute vornehmlich im Mittelmeerraum angebaut. Das einjährige Kraut bringt kleine Spaltfrüchte hervor, die, wie auch der Fenchel, 2 bis 3 % ätherisches Öl enthalten. Anis eignet sich zum Würzen von Brot, Gebäck, eingemachten Früchten und Rotkohl. Anis wirkt blähungshemmend, steigert die Milchbildung während der Stillzeit und wirkt sich auch günstig bei Magenbeschwerden und Erkältungskrankheiten aus.

● **Chili** ist eine entfernt mit Paprika verwandte, kleine rote Schote von brennend scharfem Geschmack. In getrockneter und gemahlener Form wird sie als Cayennepfeffer gehandelt.

● **Cumin** ist ein im ganzen Orient verbreitetes Gewürz. Es ist eine unserem Kümmel verwandte Pflanze und wird gelegentlich auch Kreuzkümmel oder Römischer Kümmel genannt. Cumin ist Bestandteil des Currypulvers.

● **Curcuma** ist eine ingwerähnliche Pflanze. Sie enthält im Wurzelstock ein gelbes Farbpigment, das sowohl zur Färbung von Stoffen und Leder als auch zum Gelbfärben von Lebensmitteln verwendet wird. Curcuma oder Gelbwurz wird heute vor allem in Indien, Sri Lanka und Südostasien angebaut und ist von schwach bitterem, aber brennend scharfem Geschmack. Der Wurzelstock wird gekocht und getrocknet, die Rinde abgerieben und die verbleibende Wurzel gemahlen. Curcuma ist ein obligatorischer Bestandteil des Currypulvers.

● **Curry** ist eine Mischung verschiedener Gewürze. Es setzt sich aus mindestens 9 Komponenten zusammen, und zwar aus Curcuma, Ingwer, Kardamom, Koriander, Kümmel, Muskat, Nelken, Pfeffer und Zimt.

● **Ingwer** ist der frische oder getrocknete Wurzelstock einer Staude, die heute vorwiegend in Südchina, Indien und Japan angebaut wird. Der Wurzelstock ist stärkehaltig. Neben ätherischem Öl enthält Ingwer ein recht scharf schmeckendes Harzgemisch. Ingwer dient als Zutat zu Backwaren, Marmeladen und Konfekt. Ebenso wird es zum Einmachen von Kürbis und Senfgurken verwendet. Auch ein schwach alkoholisches Getränk, das sogenannte Ginger Ale, kann aus Ingwer hergestellt werden.

● **Kardamom** ist eine schilfartige Staude, die vor allem in den feuchten Bergwäldern Indiens und Sri Lankas kultiviert wird. Die Samen enthalten 2 bis 8 % ätherisches Öl. Sie sind ganz oder auch gemahlen erhältlich. Das besonders aromatische Gewürz wird für Backwaren, Lebkuchen und als Teegewürz verwendet.

● **Koriander** ist im Vorderen Orient beheimatet, wird aber auch auf dem Balkan, in Rußland, Marokko und auch in unseren Breiten angebaut. Das bis zu 50 cm hohe Kraut bringt kleine, kugelrunde Früchte hervor, die 0,2 bis 1 % ätherische Öle enthalten. Koriander dient zum Würzen von Brot und Gebäcksorten wie Lebkuchen sowie von Saucen und Gemüse. Es ist auch ein Bestandteil des Currypulvers. Koriander wirkt blutreinigend und krampflösend.

● **Lorbeer** gedeiht im gesamten Mittelmeerraum. Der Lorbeerbaum ist ein strauch- oder baumförmiges Hartlaubgewächs, dessen ledrige, glänzende und aromatisch duftende Blätter zum Würzen von Suppen, Eintöpfen und eingelegten Gurken verwendet werden.

● **Muskat** wächst auf dem immergrünen, bis zu 20 m hohen Muskatbaum, der ausschließlich in feucht-heißen Klimazonen beheimatet ist. Der Baum gedeiht heute in Indonesien, Sri Lanka, Indien, Brasilien und auf den Inseln des Indischen Ozeans. Neben der eigentlichen Nuß dient auch der Samenmantel als Gewürz. Dieser wird vorsichtig von der Nuß entfernt, getrocknet und kommt dann als sogenannte Muskatblüte in den Handel. Die Muskatnuß wird ebenfalls getrocknet und anschließend in Kalkmilch getaucht - eine Maßnahme, die früher gegen Insektenfraß diente und heute als Gütezeichen beibehalten wird. Neben fettem Öl und Stärke enthalten die Nüsse zwischen 7 und 16 % ätherisches Öl. Aus dem Öl wird durch Pressen auch Muskatnußbutter gewonnen, die zur Herstellung von Salben und Pflastern dient. Muskatnuß eignet sich zum Würzen von Suppen, Kartoffelgerichten, Backwaren und Gemüse wie Blumenkohl, Spinat, Spargel und Pilze.

● **Nelken** sind getrocknete Blütenknospen des Gewürznelkenbaums, der vorwiegend auf der kleinen Insel Sansibar kultiviert wird. Die Blütenknospen werden kurz vor dem Aufblühen geerntet. Mit rund 25 % haben Nelken einen recht hohen Anteil an ätherischem Öl. Sie sind von brennend scharfem Geschmack und daher sparsam zu verwenden. Nelken eignen sich zum Aromatisieren von Saucen, Suppen, Rotkohl, Kompott und Glühwein. Die Blütenknospe wirkt keimtötend und beruhigend. In der Zahnheilkunde ist Nelkenöl ein wertvolles Hilfsmittel.

● **Paprika** gehört zur Familie der Nachtschattengewächse. Die schlanken, kegelförmigen, leuchtend roten Paprikaschoten waren ursprünglich in Mittelamerika beheimatet. Für unsere Breiten werden sie vor allem in Italien, Spanien, Frankreich und Ungarn angebaut. Die brennend scharfen Bestandteile befinden sich an den Scheidewänden der Schote. Je nachdem, wieviel von der Scheidewand mit vermahlen wird, ergeben sich verschiedene Sorten wie edelsüß, halbsüß und Rosenpaprika, die schärfste Handelssorte. Paprika ist bei Verdauungsstörungen hilfreich.

● **Pfeffer** war einstmals ein Synonym für Gewürz an sich. Die an Stangen gezogene Schlingpflanze wird heute in den ganzen Tropen kultiviert. Die beerenartigen Früchte enthalten bis zu 2,5 % ätherisches Öl, daneben auch verschiedene Alkaloide. Schwarzer Pfeffer ist die ganze vor der Vollreife geerntete Beerenfrucht. Weißen Pfeffer gewinnt man aus den reifen roten Früchten, die an der Sonne getrocknet und anschließend geschält werden. Er ist schärfer als schwarzer Pfeffer. Zur Herstellung von grünem Pfeffer werden die noch unreifen grünen Beeren in Essig oder Salzlake eingelegt, wodurch sie ihre grüne Farbe behalten. Grüner Pfeffer ist von mildem, aber aromatischem Geschmack. Da Pfeffer nach dem Mahlen schnell an Aroma verliert, sollte er unmittelbar vor Gebrauch in einer Pfeffermühle frisch vermahlen werden. Das scharfe Gewürz wirkt verdauungsfördernd sowie schweiß- und harntreibend.

● **Vanille** ist eine zu den Orchideengewächsen gehörige Schlingpflanze, die sich an Stützpflanzen bis zu 10 m hoch rankt. Die ursprünglich in Mexiko beheimatete Pflanze wird heute vorwiegend in Madagaskar, Indonesien und auf den Comoren angebaut. Die bis zu 25 cm langen Kapselfrüchte werden unreif geerntet und fermentiert, wodurch sich das arteigene Aroma entfaltet. Neben dem Vanillin gehören zum gesamten Aroma 35 verschiedene Bestandteile. Synthetisches Vanillin kann daher das Gewürz nicht ersetzen. Reine Vanille eignet sich vorzüglich zum Verfeinern von Gebäck, Süßspeisen, eingemachtem Obst und Müsli. Vanille in kontrolliert biologischer Qualität kommt von den Inseln Madagaskar und Réunion.

● **Zimt** gehört zu den ältesten Gewürzpflanzen der Welt. Es ist die geschälte Rinde von Zweigen des Zimt- oder Kaneelbaumes. Kaneel wird vorwiegend in Sri Lanka, in Indien, auf den Sundainseln und in Brasilien kultiviert. Von den immergrünen, strauchartig gehaltenen Bäumen werden etwa zweijährige Schößlinge abgeschlagen und entrindet. Die ca. 1 m langen Rindenstücke läßt man über Nacht in Matten eingeschlagen fermentieren. Kaneel rollt sich dabei von selbst ein und wird anschließend getrocknet. Es enthält zwischen 1 und 4 % ätherisches Öl. Zimt wird in Stangenform oder als Pulver gehandelt. Man verwendet es zu Backwaren, Glühwein, gedünstetem Obst, zu Nachspeisen und auch fürs Müsli.

## Salz

Das Für und Wider von Salz steht heute mehr denn je im Mittelpunkt der ernährungswissenschaftlichen Diskussion. Einigkeit besteht lediglich darin, daß Salz für das reibungslose Funktionieren unseres Organismus' ein unentbehrliches Mineral ist. Doch woher wir es nehmen, wieviel wir davon benötigen, oder welche Qualität von Salz empfehlenswert ist - darüber gehen die Meinungen auseinander.

Chemisch betrachtet ist Salz eine Verbindung der beiden Elemente Natrium und Chlor, die zusammen Natriumchlorid bilden. Reines Kochsalz besteht zu 40 % aus Natrium und zu 60 % aus Chlor. Beide Substanzen sind insbesondere für die Regulierung des Wasserhaushalts unerläßlich. Natrium steuert zudem Blutdruck und Blutmenge, und auch bei der Aktivierung der Nervenimpulse spielt es eine wichtige Rolle. Mangelt es dem Körper an Salz, was z.B. durch starkes Schwitzen, Durchfall, Erbrechen oder übertriebene Flüssigkeitsaufnahme ausgelöst werden kann, so können Mattigkeit, Appetitlosigkeit, Kopfschmerzen, Muskelkrämpfe und sogar Kreislaufversagen die Folgen sein.

Andererseits kann zuviel Salz ebenfalls gesundheitliche Störungen nach sich ziehen. Die medizinische Forschung weist insbesondere auf einen engen Zusammenhang zwischen übermäßigem Salzkonsum und hohem Blutdruck hin. Bluthochdruck bedeutet wiederum ein erhöhtes Risiko für Arteriosklerose und Herzinfarkt. Andere Krankheiten, bei deren Entstehung ein überhöhter Salzkonsum eine Rolle spielt, sind Nierensteine, Ödeme und Fettleibigkeit.

Die goldene Mitte macht es also. Doch welche Menge braucht der Körper? Nach Angaben der Deutschen Gesellschaft für Ernährung liegt der pro-Kopf-Verbrauch in der Bundesrepublik bei 12 bis 15 g, das entspricht etwa der Menge von 2 bis 3 Teelöffeln. Insbesondere spielt hierbei das sogenannte „versteckte“ Salz eine Rolle, das sich in den meisten zubereiteten Nahrungsmitteln findet, allen voran in Wurstwaren, Fleisch und Fisch, Käse, Fertigsuppen und Gemüsekonserven sowie in Brot und Salzgebäck. Der Salzkonsum in der Bundesrepublik ist entschieden zu hoch. Von der Deutschen Gesellschaft für Ernährung werden pro Tag und Person 5 bis 7,5 g, also lediglich 1 Teelöffel, empfohlen. Noch weitaus geringeren Bedarf an Salz haben Kinder. Einige Ernährungsexperten sind der Ansicht, daß sich der Salzbedarf allein durch die in pflanzlicher und tierischer Nahrung reichlich vorhandenen natürlichen Mineralsalze decken läßt.

Salz repräsentiert heute die Würzkraft im allgemeinen. Viele Menschen sind so an das Salzen ihrer Speisen gewöhnt, daß sie meinen, nicht mehr ohne auskommen zu können. Salz selbst schmeckt nicht, aber es macht andere Speisen schmackhaft.

Da man heute zwischen verschiedenen Salzsorten wählen kann, stellt sich die Frage: Welches Salz eignet sich am besten für den täglichen Gebrauch?

● **Kochsalz** besteht zu 100 % aus Natriumchlorid. Fast die Hälfte der heutigen Kochsalzproduktion wird aus Meerwasser gewonnen. Die Gewinnung von Kochsalz ist hochindustrialisiert. Wie Zucker wird es einem Raffinationsprozeß unterzogen, wobei außer Natrium und Chlor so gut wie alle anderen Mineralsalze und Spurenelemente entfernt werden. Das Salz wird unter hohem Druck mit Dampf auf über 700° C erhitzt, um anschließend schnell wieder abgekühlt zu werden, so daß sich ganz feine Kristalle bilden. Dem Kochsalz können zur besseren Streufähigkeit zudem Rieselhilfsstoffe wie Blutlaugensalz oder Magnesiumkarbonat zugefügt sein. Um ein möglichst strahlendes Weiß zu präsentieren, werden auch Farbstoffe zugesetzt. Ein für diätetische Zwecke erlaubter Zusatz ist Jod; Salz dieser Art wird als „jodiertes Speisesalz" gehandelt.

● **Meersalz** enthält im Vergleich zu Kochsalz lediglich 93 bis 97 % Natriumchlorid und damit immerhin 3 bis 7 % andere Mineralsalze und Spurenelemente.

Will man allerdings bestimmte Mineralien mit dem Salz aufnehmen, bieten sich für diesen Zweck weitaus bessere Möglichkeiten an, z.B. Meeresgemüse, Wildkräuter oder einfach frisches Gemüse. Neben einigen Dutzend Mineralstoffen und Spurenelementen enthält unraffiniertes Meersalz auch Magnesiumchlorid, das Wasser binden kann. Echtes Meersalz ist von daher immer leicht feucht und nicht streufähig.

Die Gewinnung von Meersalz war bereits den Alten Ägyptern bekannt. Sie legten flache Becken an, ließen diese mit Meerwasser volllaufen und warteten ab, bis die Sonne das Wasser verdunstete. Seither hat sich die Gewinnungsmethode nur wenig verändert. Vollwertiges Meersalz wird nach wie vor sonnengetrocknet, anschließend lediglich von Verschmutzungen gereinigt und in Salzmühlen gemahlen. Doch auch Meersalz ist nicht gleich Meersalz. Je nach Fundort und Art der Gewinnung fällt es in Zusammensetzung, Farbe und Konsistenz unterschiedlich aus. Das hier erhältliche Meersalz wird vornehmlich an den Mittelmeer- und Atlantikküsten Südeuropas gewonnen.

● **Steinsalz** werden Salzablagerungen von Binnenmeeren genannt, die vor ca. 250 Millionen Jahren das Land bedeckten. Es kommt so konzentriert vor, daß es unter Tage abgebaut werden kann. Steinsalz wurde bereits 900 v. Chr. von den Kelten abgebaut.

Steinsalz ist fast reines Natriumchlorid. Es ist von daher mineralstoffarm. Da es sich dabei um Ablagerungen aus früheren Zeiten handelt, wird es im Gegensatz zum „lebendigen" Meersalz auch als „totes" Salz bezeichnet. Ein Vorteil von Steinsalz ist sein niedriger Verschmutzungsgrad.

● **Solesalz** wird dort gewonnen, wo abgelagerte Salzschichten mit einer Süßwasserquelle in Berührung kommen. Dadurch bilden sich Salzquellen oder sogenannte Solen, die, wie eine bekannte Bad Reichenhaller Quelle, einen Salzgehalt bis zu 24 % aufweisen können.

Zur Gewinnung dieses Salzes wird Wasser in die Sole gepumpt, wodurch eine Salzlake entsteht. Mit einer zweiten Pumpe wird die Lake an die Oberfläche gesaugt, in große Verdampfungsanlagen geleitet und gereinigt. Solesalz besteht zu 97 bis 99 % aus Natriumchlorid; der größte Teil der Magnesium- und Kalisalze wird während des Reinigens ausgefällt.

Die Qualität von Salz wird also in entscheidendem Maße durch den Fundort und die Art der Verarbeitung bestimmt. Grundsätzlich gilt: Je weniger industrialisiert und raffiniert die Herstellung ist, desto besser ist das Salz.

Meersalz kann aufgrund der vielfältigen Mineralstoffvorkommen sicherlich als das in sich ausgewogenere Salz bezeichnet werden. Sollten wir uns für Meersalz entscheiden, bleibt trotzdem anzumerken: Zuviel Meersalz ist fast genauso gesundheitsschädlich wie Kochsalz. Bedenklich ist auch der Grad der zunehmenden Meeresverschmutzung, die sich auch in der Qualität des Meersalzes niederschlägt. Besonders problematisch sind die steigenden Blei- und Cadmiumkonzentrationen. In verschiedenen Meersalzanalysen konnten Bleiwerte bis 30 ppm bzw. Cadmiumwerte bis 6 ppm nachgewiesen werden.

● **Kräutersalz** ist ein mit Kräutern angereichertes Salz, das für eine gelungene Abwechslung der natürlichen Würzküche sorgt. Unraffiniertes Meersalz wird dazu mit einem ca. 15 %igen Kräuter- und Gemüseanteil vermischt. Darunter finden sich Liebstöckl, Basilikum, Majoran, Sellerie, Lauch und Rettich. Kräuter und Gemüse werden kontrolliert biologisch gezogen, schonend getrocknet und zusammen mit dem Salz fein vermahlen.

## Essig

Ein wirklich pikant-saurer Geschmack läßt sich neben Zitrone nur mit Essig erreichen. Essig wird insbesondere an Salatsaucen, in Suppen und zum Einlegen von Gemüse geschätzt. Die Essigherstellung beruht auf der Erfahrung, daß sich alkoholische Getränke beim Stehenlassen in Essig verwandeln. Ägypter, Babyloner, Griechen, Römer und Germanen stellten so ihren Essig her, der als Würzmittel zum Haltbarmachen von Fleisch und Gemüse, als durststillendes Getränk und auch als Heilmittel diente. Man überließ Bier oder Wein bei einer Temperatur von 20 bis 35° C einfach sich selbst. Die erforderlichen Essigbakterien gelangten entweder selbständig aus der Luft oder in Form von zugesetztem altem Essig hinein. Die Bakterien vermögen es, den Alkohol zu Essigsäure oxidieren zu lassen.

Heute wird Essig hauptsächlich nach dem zu Anfang des letzten Jahrhunderts erfundenen Schnellessigverfahren gewonnen. Zur Beschleunigung der Oxidation läßt man dabei die aus dem Rohstoff hergestellte alkoholische Maische langsam über spiralförmig gerollte Buchenholzspäne rieseln, die auch Träger der Essigbakterien sind. Die Maische wird somit auf eine große Fläche verteilt, was eine schnellere Oxidation begünstigt. Essig enthält als wesentlichen Bestandteil 5 bis 15 % Essigsäure, daneben kleine Mengen Zucker sowie Mineral- und Aromastoffe. Je nach verwendetem Rohstoff wird zwischen Branntwein-, Bier-, Wein-, Obst- und Kräuteressig unterschieden.

Auf dem Naturkostmarkt sind in erster Linie Apfel- und Weinessige verbreitet. Die dazu verwendeten Rohstoffe kommen aus kontrolliert biologischem Anbau, die Essige sind teils naturtrüb belassen. Spezialitäten sind der bernsteinfarbene Apfel-Cidre-Essig oder der in der norditalienischen Provinz Modena hergestellte Balsamessig. Diesen aus Wein und Most umgewandelten Essig läßt man in Holzfässern reifen. Balsamessig besticht neben seinem ausgeprägten Aroma auch durch seine fast schwarze Farbe. Man kann zwischen 2 Jahre, 4 Jahre und 10 Jahre gereiftem Balsamessig wählen. Der Reifegrad bestimmt den Preis: je älter der Essig, um so teurer ist er auch.

Aus Japan werden essigähnliche Würzmittel wie Genmai-su und Ume-su importiert. In der Makrobiotik werden beide wegen ihrer milden Säure geschätzt. Genmai-su ist eine Art Reisessig. Ein zu seiner Herstellung notwendiges Vorprodukt ist ungefilterter Reiswein (Sake). Dieser wird mit etwas altem Essig geimpft und nach traditioneller Art in im Erdboden eingelassenen großen Tontöpfen vergoren. Eine Variante wird aus süßem Reis hergestellt.

Ume-su wird im Unterschied zu Wein- oder Reisessig nicht aus einer alkoholischen Grundlage gewonnen. Es handelt sich vielmehr um ein Nebenprodukt bei der Herstellung von milchsauer vergorenen, in Salz eingelegten Ume-Aprikosen. Das tiefrote Würzmittel verfügt über ein säuerlich-salziges Aroma und kann wie Essig verwendet werden.

## Senf

Der in Vorderasien und Indien beheimatete Senf wird heute auf der ganzen Welt kultiviert, in Europa vornehmlich in Holland und auf dem Balkan. Senfkörner enthalten bis zu 30 % fettes Öl, daneben auch 1 bis 2 % Eiweiß. Das in den kleinen Körnchen enthaltene Sinalbin sorgt für den typischen brennend-scharfen Geschmack. Ganze Senfkörner dienen zum Einlegen von Gurken und Mixed Pickles und eignen sich gut zum Würzen von Saucen und Sauerkraut. Sie lassen sich auch vorzüglich als Keimsaat verwenden; gekeimte Senfkörner sind von würzigem, pikantem Geschmack.

Ein bedeutender Teil der Senfernte wird zur Herstellung von Mostrich verwendet. Senf oder Mostrich ist eine streichfähige, würzig bis scharfe Paste aus den frisch gemahlenen gelben oder schwarzen Senfkörnern. Die gemahlenen Senfkörner werden mit Weinessig oder Most und Salz vermischt und mit verschiedenen Kräutern aromatisiert.

Senf aus biologischen Zutaten ist in vielen Geschmacksrichtungen erhältlich. Neben einfachem und scharfem Senf gehören Ganzkornsenf, Senf mit Estragon oder Meerrettich zu den gängigsten Sorten.

Senf wirkt als Zugabe zu fetten Speisen verdauungsfördernd. Auch Saucen, insbesondere für Salate, erhalten durch etwas Senf eine pikante Note.

## Hefeflocken

Ursprünglich war die sogenannte Bierhefe ein Nebenprodukt, das bei der Bierherstellung anfiel. Nachdem die in den Fässern wachsende Hefe einmal analysiert wurde, stellte sich heraus, daß sie sehr reich ist an hochwertigen Vitaminen und an Spurenelementen. Die heutige

Bierhefe hat nichts mehr mit dem Bierbrauen gemein. Sie wird künstlich im Labor produziert und wächst auf Melasse oder Molke. Selbst der Name hat sich gewandelt. Bierhefe ist heute unter dem Namen Edel- oder Würzhefeflocken bekannt. Die Reinzucht-Hefestämme werden in Vakuum-Walzentrocknern bei 50 bis 60° C getrocknet. Dabei wird der Hefe Wasser entzogen, sie verliert dadurch ihre Gärfähigkeit. Edelhefeflocken enthalten alle essentiellen Aminosäuren, dazu Eisen und seltene Spurenelemente wie Selen und Chrom. Daneben sind sie vor allem ein wertvoller Vitaminspender. Insbesondere finden sich darin die Vitamine aus dem B-Komplex, darunter auch das im Pflanzenreich nur sehr selten vorkommende Vitamin B12.

Hefeflocken sind Nahrungsergänzung und Würzmittel zugleich. Der käseähnliche Geschmack der Flocken eignet sich vor allem zum Würzen von Teigwaren, Suppen, Saucen und Salaten.

## Würzbrühe

Instant-Suppen haben auch auf dem Reform- und Naturkostmarkt Einzug gehalten. Im Unterschied zu konventioneller Ware sind diese pastenartigen, gekörnten oder pulverisierten Würzbrühen auf rein pflanzlicher Basis aufgebaut, und anstelle von Kochsalz enthalten sie unraffiniertes Meersalz. Der Salzgehalt kann bis zu 40 % betragen - Würzbrühen dieser Art sollten daher sparsam eingesetzt werden.

Bedenklich ist die zum Teil industrielle Herstellung von Würzbrühen. Als Zutaten werden oftmals mehr als fragliche Stoffe verwendet. Manche Würzbrühen enthalten beispielsweise Glutamat als Geschmacksverstärker, andere ein als Speisewürze bezeichnetes, durch Hydrolyse gespaltenes Pflanzeneiweiß. Oftmals wird zudem Milchzucker als Trägersubstanz verwendet. Hefeextrakt und Pflanzenfette vervollständigen das Instant-Produkt.

# Samen, Kerne und Nüsse

Nüsse und Kerne sind ein integraler Bestandteil der Vollwertkost. Daraus hergestellte Nußmischungen und Studentenfutter werden als nahrhafte Snacks geschätzt. Im Bäckerhandwerk sorgen vor allem Ölsaaten wie Sonnenblumenkerne, Sesam und Leinsaat als Brotgewürz für geschmackliche Varianten. Verschiedene Samen und Kerne sind darüber hinaus zu nahezu unverzichtbaren Zutaten von fast allen Müslimischungen geworden.

Samen enthalten das gesamte Aufbaumaterial für eine neue Pflanze. Wir finden darin die konzentrierteste Ballung von Nährstoffen. Hervorstechendstes gemeinsames Merkmal ist der mit 40 bis 70 % überdurchschnittlich hohe Fettgehalt. Dieser macht Nüsse und Kerne etwas schwer verdaulich, auch wenn das darin enthaltene Fett aus überwiegend ungesättigten Fettsäuren besteht. Durch den gleichzeitig hohen Eiweißgehalt von bis zu 30 % werden Nüsse zu einer äußerst konzentrierten Nahrung. Der Fett- und Eiweißanteil liegt je nach Art nicht selten über 80 %, so daß bereits kleine Mengen Nüsse ausgesprochen kalorienreich sind. Nüsse stellen somit weniger ein Hauptnahrungsmittel dar, sondern eher eine Nahrungsergänzung.

Was die kleinen Samen so wertvoll macht, sind die sekundären Nährstoffe wie Mineralstoffe und Vitamine. Hervorzuheben ist vor allem ihr hoher Gehalt an Calcium, Kalium und Phosphor sowie an den Vitaminen A, B und E. An Spurenelementen seien in erster Linie Eisen, Fluor und Zink genannt.

Der Ölgehalt der Nüsse bringt es mit sich, daß sie leicht ranzig werden. Zwar gewährt die den Kern umhüllende Schale einen gewissen Schutz. Doch sobald der Nußkern aus der Schale gelöst wird und der Einwirkung von Sauerstoff ausgesetzt ist, verstärkt sich die Gefahr des Ranzigwerdens. Hochgradig fette Nüsse wie Walnuß, Paranuß und

Haselnuß sind aus diesem Grund leichter verderblich als die weniger fettreichen Mandeln.

Ein anderes Problem sind Aflatoxine, die zuweilen in Nüssen nachgewiesen werden. Bei den Aflatoxinen handelt es sich um die nachweislich krebserregenden Stoffwechselprodukte verschiedener Schimmelpilze. Bei leicht beschädigter Schale können Bodenpilze in den Nußkern eindringen und dort diese hochgiftigen Aflatoxine bilden. Nach einem vom Bundesgesundheitsamt festgelegten Grenzwert dürfen Nüsse lediglich bis zu 2 µg/kg Aflatoxin B1 enthalten. Nicht selten werden diese Grenzwerte überschritten. Neben Erdnüssen können insbesondere Paranüsse und Pistazien befallen sein. Mit bloßem Auge läßt sich nicht erkennen, ob die Nuß von dem Schimmelpilz durchsetzt ist. Auch Nußmuse können Schimmelpilze enthalten. Wir sollten uns dennoch nicht den Appetit auf Nüsse verderben lassen, denn pilzbefallene Nüsse sind nicht die Regel.

Bei der Auswahl von Nüssen empfiehlt es sich, heimischen Arten wie Haselnuß, Walnuß und im weiteren Sinne auch der Mandel den Vorzug zu geben. Sie sind am ehesten mit unserem Lebensraum verbunden.

## Nüsse

### Haselnüsse

Der heute in ganz Europa bis in die Türkei und die UdSSR verbreitete Haselstrauch war bereits bei den frühen Jäger- und Sammlerkulturen bekannt, und die nahrhaften Kerne stellten ein begehrtes Grundnahrungsmittel dar. Der Haselstrauch gehört botanisch gesehen zur Familie der Birkengewächse. Die von einer harten Schale umgebenen Kerne sind überaus nährstoffreich. Haselnüsse bestehen zu 60 % aus

Fett. Neben Eiweiß finden sich darin beachtliche Mengen an Calcium und Kalium sowie die Vitamine B1, B2 und E.

Nur gut 20 % der Ernte werden als Nuß in der Schale oder geschält gehandelt. Der überwiegende Teil wird in der Süß- und Backwarenindustrie zu Nußkuchen, Schokolade, Nougat, Krokant oder Speiseeis verarbeitet. Im Naturkostbereich spielen Haselnüsse vor allem als Müsli- und Backzutat, in Nußmischungen und als Haselnußmus eine Rolle.

Die heutigen Hauptanbauländer sind die Türkei, Italien und Spanien. Wie im konventionellen Anbau von Feldfrüchten und Gemüse blieben auch Haselnüsse von den „Errungenschaften der modernen Landwirtschaft" nicht verschont. Sie werden in großen Plantagen kultiviert und mit Spritzgiften behandelt, vor allem mit Herbiziden. Haselnüsse in kontrolliert biologischer Qualität kommen in erster Linie aus Sizilien.

**Walnüsse**

Der bis zu 30 m hoch wachsende Walnußbaum wird heute vornehmlich in Kalifornien, China und Spanien, in kleinerem Umfang auch in Frankreich und in der Bundesrepublik kultiviert. In der Vorweihnachtszeit wird der konventionelle Markt in erster Linie mit kalifornischen Jumbos versorgt. Kalifornische Nüsse werden nach allen Regeln der Kunst angebaut. Die Schalen werden chemisch gebleicht, die entschalten Nüsse mit Methylbromid begast.

Da Walnüsse über 60 % Fett enthalten, werden sie schnell ranzig. Daher empfiehlt es sich, sie in der Schale einzukaufen. Walnüsse in kontrolliert biologischer Qualität kommen aus Frankreich und Italien. Sie sind von kleinerem Wuchs, und da sie nicht gebleicht werden, ist die Schale oftmals von dunkler bis schwarzer Farbe.

## Mandeln

Während Haselnüsse und Walnüsse in unserer gemäßigten Klimazone wachsen, benötigen Mandeln ein etwas milderes Klima. Sie werden vornehmlich in den Mittelmeerländern, Kalifornien und China kultiviert. Neben der relativ unbedeutenden Krachmandel, die ihren Namen der leicht brechbaren Steinschale verdankt, sind die beiden Hauptarten die Süß- und Bittermandel. Bittermandeln enthalten hochgiftige Blausäure; bereits 7 Stück davon können tödlich sein. Sie werden vornehmlich zu Duftölen verarbeitet.

Süße Mandeln werden überwiegend entsteint angeboten. Die feste braune Samenhülle bietet genügend Schutz vor dem Ranzigwerden. Neben 50 % Fett enthält die Mandel mit knapp 20 % auch beachtliche Mengen an Eiweiß. An Mineralstoffen ist vor allem der hohe Calciumgehalt hervorzuheben.

Mandeln dienen geröstet, gemahlen oder als Splitter zur Verfeinerung von Gebäck und Desserts. In der Weihnachtsbäckerei finden sie in Lebkuchen, Plätzchen und Marzipan Verwendung. Aus Mandeln kann zudem Milch gemacht werden, die in der Säuglings- und Kleinkindernahrung als Ersatz für Mutter- oder Kuhmilch empfohlen wird.

Kontrolliert biologische Mandeln werden aus Spanien, Sizilien und Kalifonien eingeführt.

## Pinienkerne

Die bis zu 20 m hohen Schirmpinien sind im ganzen Mittelmeerraum beheimatet. Die Bäume tragen große Zapfen, in denen sich die kleinen weißen Kerne befinden. Pinienkerne enthalten überdurchschnittliche Mengen an Eisen und an Vitamin B1. Die würzigen Kerne werden gerne im Müsli oder einfach so gegessen. In Italien wird damit Pesto, ein pikantes Nudelgericht, zubereitet.

**Pistazien**

Pistazien sind im Mittelmeerraum bereits seit 5.000 Jahren bekannt. Die wichtigsten Anbauländer sind heute Iran, USA, Türkei und Griechenland. Hervorstechend ist der hohe Kaliumgehalt. Pistazien kommen meist gesalzen, zum Teil auch gefärbt, in den Handel und werden zumeist als Snack verzehrt. Darüber hinaus dienen sie zur Verfeinerung von Wurstwaren (Mortadella) und als Aroma zu Speiseeis. Kontrolliert biologische Pistazien werden aus der Türkei eingeführt.

**Erdmandeln (Chufas)**

Erdmandeln sind keine Mandeln im botanischen Sinn, sondern ein Sauergrasgewächs, das bereits im Alten Ägypten bekannt war. Die unter der Erde wachsende Knolle ist heute in erster Linie in Spanien verbreitet, wo aus ihr ein milchartiges Getränk namens „Horchata" hergestellt wird. Die nußähnlich schmeckenden Mandeln sind bei uns als feingemahlene Flocken erhältlich. Sie werden aufgrund ihres hohen Ballaststoffgehalts vornehmlich wegen ihrer verdauungsfördernden Wirkung geschätzt. Erdmandeln können als Nahrungsergänzung pur oder in Müsli, Joghurt, Quark u.ä. verzehrt werden.

## Tropische Nüsse

**Paranüsse**

Der Paranußbaum ist vornehmlich in den südamerikanischen Ländern Brasilien und Peru beheimatet. Der Baum wächst noch größtenteils wild, wird neuerdings aber auch kultiviert. Paranüsse haben mit fast 70 % den höchsten Fettgehalt unter den Nüssen. Die wohlschmeckenden Nüsse kamen in den letzten Jahren allerdings mehrmals in die Schlagzeilen. Einmal sind sie wie Erdnüsse besonders anfällig für Aflatoxine, und außerdem speichern Paranüsse nicht unbeträchtliche Konzentrationen an radioaktivem Radium.

**Cashewkerne**

Der immergrüne Cashewbaum wächst in den tropischen und subtropischen Klimazonen in Brasilien, Indien und Ostafrika. Er bringt apfelförmige Früchte hervor, unter denen die eigentliche halbmondförmige Cashewnuß heranwächst. Die geernteten Kerne werden in den Exportländern routinemäßig mit Methylbromid begast, um sie vor Schädlingen zu schützen. Die im Geschmack leicht süßlichen Kerne werden in der indischen Küche häufig verwendet, insbesondere für Suppen und Saucen. Bei uns sind sie ein beliebter Snack, auch Nußmus wird aus ihnen hergestellt. Cashewkerne aus kontrolliert biologischem Anbau sind bislang nur in kleinen Mengen verfügbar.

**Kokosnüsse**

Kokospalmen sind heute an den Küsten der ganzen Tropen verbreitet. Sie bringen große Steinfrüchte hervor, die in den Anbauländern ein wichtiges Grundnahrungsmittel sind. Die Nüsse haben mit bis zu 92 % einen sehr hohen Fettgehalt. Es handelt sich dabei fast ausschließlich um gesättigte Fettsäuren. Das Fett findet bei uns in der Margarine- und Kosmetikindustrie Verwendung. Aus dem getrockneten Fruchtfleisch, der sogenannten Kopra, werden Kokosflocken und Kokoschips hergestellt. Kokosflocken aus biologischem Anbau werden aus der Dominikanischen Republik eingeführt.

**Erdnüsse**

Die Erdnuß ist keine Nuß, sondern eine Hülsenfrucht, vom Nährstoffgehalt her ist sie jedoch durchaus mit Nüssen vergleichbar. Besonders hervorzuheben ist der hohe Eiweißgehalt. Die Erdnuß wird jedoch in erster Linie als Ölfrucht genutzt und nimmt in der fettverarbeitenden Industrie eine dominierende Stellung ein. Erdnüsse in kontrolliert biologischer Qualität kommen aus Israel. Das Angebot kann bislang nicht mit der Nachfrage Schritt halten. Erdnußmus wird vielfach noch aus konventioneller Ware hergestellt.

## Ölsaaten

### Sesam

Sesam gehört zu den ältesten Kulturpflanzen. In den Hochkulturen Asiens und am Mittelmeer galt Sesam bereits vor unserer Zeitrechnung als geschätztes Nahrungsmittel. Im Nahen Osten stand „Sesam öffne dich" sinnbildlich für Überfluß und Reichtum. Das einjährige Kraut wird außer in China und Indien heute vorwiegend in afrikanischen Ländern und Mexiko angebaut. Sesam besticht durch seine außerordentliche Nährstoffdichte. Es enthält vor allem hochwertiges Öl und hat mit fast 20 % auch einen beachtlichen Eiweißanteil.

Sesam ist zudem reich an Eisen, Phosphor, Magnesium und den Vitaminen B1, B2 und E. Hervorzuheben ist neben dem hohen Calciumgehalt auch das als Nervennahrung bekannte Lezithin.

Sesam wird überwiegend als Ölpflanze genutzt. Die Saat selbst kommt lediglich in geringem Umfang in den Handel. Im konventionellen Handel dominiert die geschälte, fast weiße Sesamsaat. Im Naturkostbereich dagegen wird nur ungeschälte Sesamsaat angeboten.

Sesam wird von Vollkornbäckern als beliebte Brotzutat geschätzt und ist in so gut wie jeder Müslimischung enthalten. Die neben Speiseöl beiden wichtigsten aus Sesam hergestellten Produkte sind Tahin (vgl. Bd. 2) und Goma Sio. Goma Sio wird aus geröstetem Sesam und Meersalz hergestellt und dient als pikantes Würzmittel. Sesam aus kontrolliert biologischem Anbau stammt vornehmlich aus Mexiko.

**Sonnenblumenkerne**

Die ursprüngliche Heimat der Sonnenblume liegt in Nord- und Südamerika. Obwohl sie von nordamerikanischen Indianern bereits als Nutzpflanze angebaut wurde, hielt man die Sonnenblume bei uns zunächst als Zierpflanze. Erst vor etwa 150 Jahren wurde sie als bedeutsame Ölpflanze „entdeckt". Die heute wichtigsten Anbauländer sind die UdSSR, Argentinien und Frankreich.

Wie auch Sesam verfügen Sonnenblumenkerne über außerordentlich hohe Mengen an Mineralstoffen und Vitaminen. Besonders hervorzuheben ist das für die Zahngesundheit wichtige Spurenelement Fluor. Auf dem Naturkostmarkt erlebten die geschälten Kerne seit den 70er Jahren einen Boom. Sonnenblumenkerne sind heute ein fast schon unverzichtbarer Bestandteil einer jeden Müslimischung. Vollkornbrot mit Sonnenblumenkenren avancierte über die Naturkostszene hinaus zu einem landesweiten Bestseller. Die nahrhaften Kerne haben lediglich einen kleinen Schönheitsfehler: Sonnenblumen gehören zu jenen Pflanzen, die überdurchschnittlich viel Cadmium aufnehmen. Sonnenblumenkerne aus kontrolliert biologischem Anbau werden vornehmlich aus den USA und Frankreich eingeführt.

**Leinsaat**

Lein, auch Flachs genannt, ist eine uralte Kulturpflanze, die schon von den Sumerern und Ägyptern genutzt wurde. Aus den Fasern gewann man eine der wichtigsten Textilfasern. Die Samen dienen seit alters her als wertvoller Öllieferant, neben Speisezwecken auch für Farben und Lacke.

Neben Fett, Eiweiß und einem hohen Gehalt an Vitamin E werden die ballaststoffreichen und schleimfähigen Samen für ihre abführende Wirkung geschätzt. Leinsaat ist ein bewährtes Diätetikum bei Verstopfung und wirkt auch krampf- und entzündungslösend. In der Vollwertkost findet Leinsaat vor allem als Brotgewürz und Müslizutat Verwendung. Lein hat jedoch von seiner ursprünglichen Bedeutung viel eingebüßt. In Europa spielt der Anbau keine nennenswerte Rolle mehr. Leinsaat aus kontrolliert biologischem Anbau wird überwiegend aus Nordamerika importiert. Aufgrund der hohen Belastung mit Cadmium wurden für Leinsaat vom Bundesgesundheitsamt Richtwerte festgelegt. Leinsaat darf von dem giftigen Schwermetall nicht mehr als 30 µg pro Kilo enthalten.

**Kürbiskerne**

Kürbiskerne werden vornehmlich ihrer Heilkraft wegen hochgeschätzt. In der Volksmedizin sind Kürbiskerne ein altbekanntes Wurmmittel und sollen durch den außerordentlich hohen Zinkgehalt auch bei Prostatabeschwerden hilfreich sein. Aus den grünen Kernen wird ferner ein hochwertiges Speiseöl gewonnen. Im Naturkosthandel werden schalenlos gewachsene Kürbiskerne aus der Steiermark und in kontrolliert biologischer Qualität aus Ungarn angeboten.

**Mohn**

Der ursprünglich in Kleinasien beheimatete Schlaf-, Garten- oder Blaumohn ist heute eine in ganz Asien und Europa verbreitete Würz-, Arznei-, Genußmittel- und Zierpflanze. Schon seit Jahrhunderten nutzt man die Pflanze in zweifacher Weise: Aus den unreifen Kapseln wird der alkaloidhaltige Milchsaft zur Opiumherstellung abgezapft; ferner werden die reifen Samen zu Öl ausgepreßt, das neben zu Speisezwekken auch zu Firnissen und Malerfarben verarbeitet wird. Bei uns dient Mohn in erster Linie als Backzutat zu Mohnbrötchen und Mohnkuchen. Wie auch Sonnenblumenkerne und Leinsaat kann Mohn stark mit Cadmium belastet sein. In kontrolliert biologischer Qualität wird die Pflanze in Österreich und Ungarn kultiviert.

# Öle und Fette

## Speiseöle

Fette gehören neben Eiweiß und Kohlenhydraten zu den Hauptbestandteilen unserer Nahrung. Sie sind zugleich die konzentrierteste Form von Nahrungsenergie. Fette versorgen den Organismus im Vergleich zu Eiweiß oder Kohlenhydraten mit der doppelten Menge an Kalorien.

**Gesättigte und ungesättigte Fettsäuren**

Als Fette werden im allgemeinen streichbare und feste Fette bezeichnet. Flüssige Fette werden Öle genannt. Jedes Fett ist eine Glycerinverbindung, die sich aus verschiedenartigen Fettsäuren zusammensetzt. In der Lebensmittelchemie werden drei Kategorien von Fetten unterschieden: gesättigte, einfach ungesättigte und mehrfach ungesättigte Fettsäuren.

Alle Fettsäuren haben ein Gerüst von Kohlenstoffatomen, die kettenartig aneinandergereiht sind. Lassen sich an diese Ketten so viele Wasserstoffatome anhängen, wie die Kette zu tragen vermag, handelt es sich um eine gesättigte Fettsäure. Gesättigte Fettsäuren sind vorwiegend in tierischer Nahrung enthalten, also in Fleisch, Eiern und Milchprodukten. Im Pflanzenreich spielen sie eine lediglich untergeordnete Rolle. Ausnahmen sind Kokosfett und Palmöl. Gesättigte Fettsäuren reagieren chemisch träge, sie sind eher statisch. Für deren Aufnahme besteht zudem keine Notwendigkeit.

Von ungesättigten Fettsäuren spricht man, wenn an der Kette der Kohlenstoffatome einige Wasserstoffatome fehlen. Fehlt lediglich ein Paar, handelt es sich um eine einfach ungesättigte Fettsäure; fehlen zwei oder drei Paare von Wasserstoffatomen, ist von mehrfach ungesättigten Fettsäuren die Rede. Einfach ungesättigte Fettsäuren finden sich in nahezu allen fetthaltigen Lebensmitteln. Mehrfach ungesättigte Fettsäuren sind vornehmlich in pflanzlicher Nahrung enthalten. In konzentrierter Form liegen sie vor allem in Getreide, Nüssen und natürlich in Ölfrüchten und Ölsaaten vor. Ungesättigte Fettsäuren sind weitaus reaktionsfreudiger, allerdings können sie dadurch auch schneller verderben.

Mehrfach ungesättigte Fettsäuren werden auch essentielle Fettsäuren genannt und sind für den Organismus außerordentlich wichtig. Allerdings kann der Körper diese essentiellen Fettsäuren nicht selbst herstellen; sie müssen daher durch die Nahrung aufgenommen werden. Die wichtigste essentielle Fettsäure in unserer Nahrung ist die Linolsäure, die für ein Funktionieren des Stoffwechsels unerläßlich ist. Ein Mangel an Linolsäure wirkt sich nachteilig auf die Gesundheit von Haut und Haaren aus. Der gesamte Bedarf an essentiellen Fettsäuren ist allerdings relativ gering und wird im allgemeinen durch die Aufnahme fetthaltiger Nahrungsmittel zur Genüge gedeckt.

**Die Gewinnung von Speiseölen**

Noch bis ins Mittelalter hinein wurden Öle kaltgeschlagen, d.h. den Ölfrüchten wurde die begehrte Ware mit Schlägen ausgetrieben. Heute werden Pflanzenöle in drei unterschiedlichen Verfahren gewonnen:

- durch Extraktion mit chemischen Lösungsmitteln
- durch Pressung, wobei zwischen Kalt- und Heißpressung unterschieden wird
- durch Zentrifugation.

Betrachten wir zunächst die chemische Variante der Ölgewinnung. In der konventionellen Ölindustrie ist dieses Verfahren heute mit Abstand am meisten verbreitet, da man damit die höchste Ölausbeute erreicht. Das Öl wird mit einem Lösungsmittel aus der Ölfrucht herausgezogen. Das gängigstes bei diesem Verfahren verwendete Lösungsmittel ist Hexan, eine aus Petroleum gewonnene, verdampfbare, brennbare und giftige Flüssigkeit. Um Hexan und Öl wieder zu trennen, wird das Gemisch bis zu 140° C erhitzt, wobei das Lösungsmittel verdampft. Durch das Erhitzen werden allerdings wertvolle Inhaltsstoffe des Öles zerstört, beispielsweise nimmt der Gehalt an Vitamin E ab.

Öle, die mit Lösungsmittel gewonnenen wurden, haben einen penetranten Geschmack. Um sie genießbar zu machen, werden sie einem weiteren chemo-technischen Verfahren, der sogenannten Raffination, unterzogen. Ziel der verschiedenen Raffinationsstufen ist es, das Öl reiner, geschmacksneutral und lange haltbar zu machen. Dabei wird es entschleimt, entsäuert, entfärbt und desodoriert. Endprodukt ist ein in Aussehen und Geschmack standardisiertes Produkt. Raffinierte Öle sind kaum voneinander zu unterscheiden. Sie haben alle eine helle Farbe und den gleichen milden und neutralen Geschmack.

Extrahierte und raffinierte Öle sind im konventionellen Handel zumeist als Salat-, Tafel- oder Backöle erhältlich. Sie können aus einer Ölsorte (z.B. Sonnenblumenöl) bestehen, meist werden sie jedoch aus mehreren Sorten gemischt.

Ein weitaus schonenderes Verfahren der Ölgewinnung ist das Pressen, besonders die sogenannte Kaltpressung. Der bereits zum Gütezeichen gewordene Begriff „kaltgepreßt“ ist allerdings nicht allzu glücklich gewählt und nicht besonders aussagekräftig. Auch bei sogenannten kaltgepreßten Ölen entstehen Temperaturen bis zu 65° C. Was kaltgepreßt ist und was nicht, ist bisher in keiner Weise definiert und geschützt.

Natürlich kann auch unter weitaus höheren Temperaturen gepreßt werden. Je heißer gepreßt wird, desto größer ist die Ölausbeute. Bei der Heißpressung ist eine anschließende Raffination des Öls unumgänglich.

Im Unterschied zur Extraktion oder zur Heißpressung verlieren Öle bei eingermaßen schonender Pressung nur wenig an Wert. Der größte Vorteil kaltgepreßter Öle ist, daß sie nicht raffiniert werden. Sie behalten dadurch ihre natürliche Farbe und das volle arttypische Aroma. Nach dem Pressen wird das Öl lediglich gefiltert und abgefüllt. In bezug auf ihre Inhaltsstoffe gleichen kaltgepreßte Öle damit weitgehend den erntefrischen Ölsaaten.

Eine dritte Methode zur Ölgewinnug ist die Zentrifugation. Obschon dieses Verfahren in den letzten Jahren an Bedeutung gewann, spielt es dennoch bislang nur eine untergeordnete Rolle. Die Ölfrüchte werden hier zunächst fein geschrotet, mit Wasser aufgeschwemmt und durch eine Zentrifuge gegeben. Das Wasser-Öl-Gemisch durchläuft sodann eine zweite Zentrifuge und wird voneinander getrennt. Anders als beim Pressen, wo durch mehr oder weniger hohen Druck auch Gerb- und Bitterstoffe aus der Ölfrucht herausgepreßt werden, sind zentrifugierte Öle geschmacklich sehr mild. Das schonende Zentrifugationsverfahren wird vornehmlich bei Olivenöl angewendet.

## Die wichtigsten Speiseöle im Naturkosthandel

Im Rahmen der Vollwertkost werden fast ausschließlich schonend gepreßte oder zentrifugierte Öle empfohlen. Die dazu verwendeten Ölsaaten bzw. Ölfrüchte kommen zunehmend aus kontrolliert biologischem Anbau.

**Olivenöl** gilt weltweit als eines der geschätztesten Speiseöle. Es wird seit Jahrtausenden in den Ländern rund ums Mittermeer gewonnen. Das Fruchtfleisch der vom Spätherbst bis in den Winter hinein reifenden Früchte enthält bis zu 30 % Öl. Zur Ölgewinnung wird bei diesen fleischigen Früchten lediglich ein geringer Druck benötigt, so daß sich das Öl beim Pressen nur auf wenig mehr als Zimmertemperatur erwärmt. Der früher gebräuchliche Begriff „Jungfernöl" wurde inzwischen durch die Bezeichnung „Natives Olivenöl" ersetzt. Natives Olivenöl wird ausschließlich durch mechanische Verfahren wie Pressen, Zentrifugieren und anschließendes Filtrieren gewonnen. Es darf weder extrahiert noch raffiniert sein. Öl dieser Art wird je nach dem Gehalt an freien Fettsäuren in die drei Qualitätsstufen „extra", „fein" und „mittelfein" eingeteilt. Die höchste Qualitätsstufe ist „Natives Olivenöl extra", das den niedrigsten Gehalt an freien Fettsäuren aufweist. Je niedriger der Gehalt an freien Fettsäuren, desto besser ist der Geschmack. Wird das Öl als „reines Olivenöl" ohne den Zusatz „nativ" deklariert, handelt es sich um einen Verschnitt, der auch raffiniertes Olivenöl enthält.

Natives Olivenöl ist durch seinen natürlichen Chlorophyllgehalt von grünlicher Farbe. Es besitzt einen arteigenen Geruch und zeichnet sich durch ein intensives Aroma aus. Durch den geringen Linolsäuregehalt ist es gut lagerfähig. Bei Temperaturen von 0 bis 9° C flockt es aus und wird dick; es verflüssigt sich jedoch bei Zimmertemperatur wieder. Die Qualität wird dadurch nicht beeinträchtigt.

Im Naturkosthandel wird ausschließlich natives Olivenöl angeboten. Größtenteils handelt es sich um aus Spanien, Italien, Frankreich und Griechenland eingeführte Ware - bis auf letzteres zumeist in kontrolliert biologischer Qualität.

**Sesamöl** ist ein weiteres hochwertiges Speiseöl, das vornehmlich in der makrobiotischen Küche verwendet wird. Es hat einen kräftigen, nußartigen Geschmack und läßt sich sowohl zu Rohkost als auch zum Sautieren und Fritieren verwenden. Sesamöl steht zunehmend in kontrolliert biologischer Qualität zur Verfügung. Eine besondere Spezialität ist aus Japan eingeführtes, geröstetes Sesamöl. Die vor dem Pressen geröstete Sesamsaat gibt dem Öl eine dunkle Farbe und ein intensives Aroma. Wenige Tropfen genügen bereits, um jeder Speise eine besondere Note zu geben.

Das aus der Färberdistel (Saflor) gewonnene **Distelöl** wird von vielen Ölkennern als das wertvollste Speiseöl angesehen. Mit rund 94 % hat es den höchsten Anteil an ungesättigten Fettsäuren und steht auch mit einem Gehalt an Linolsäure von ca. 78 % an der Spitze aller Pflanzenöle. Aufgrund der außergewöhnlichen Fettsäurezusammensetzung empfiehlt sich Distelöl in erster Linie zu Rohkost; es sollte nicht erhitzt werden. Distelöl hat unter den kaltgepreßten Ölen den mildesten Eigengeschmack. Es bietet sich für alle an, die Oliven- oder Sesamöl im Geschmack zu streng und aufdringlich finden.

**Sonnenblumenöl** weist eine ähnliche Zusammensetzung wie Distelöl auf. Die Anteile an ungesättigten Fettsäuren und an Linolsäure liegen nur geringfügig unter denen des Distelöls. Es ist im Geschmack etwas intensiver, aber dennoch recht mild und neutral. Es eignet sich neben der Verwendung zu Rohkost auch zum Dünsten, Sautieren und zum kurzzeitigen Braten.

Nur Kennern vorbehalten ist das bis noch vor wenigen Jahrzehnten weit verbreitete **Leinöl**. Das dunkelgold- bis gelbfarbene Öl besteht größtenteils aus mehrfach ungesättigter Linol- und Linolensäure. Es wird von daher sehr schnell ranzig und sollte binnen weniger Wochen aufgebraucht werden. Ein auch noch heute beliebtes Rezept ist Leinöl mit Quark.

**Rapsöl** gehört neben dem Sonnenblumen- und dem Leinöl zu den wenigen Ölen, die auch in unserer gemäßigten Klimazone produziert werden können. Rapsöl zählte bis ins letzte Jahrhundert hinein zu den verbreitetsten Speiseölen in Deutschland. In gehärteter Form wird es heute vornehmlich in der Margarineindustrie verwendet. Rapsöl enthält die geschmacklich etwas strenge bis kratzige Erucasäure. Durch neuere Züchtungen konnte der Anteil an Erucasäure deutlich verringert werden, so daß das Öl geschmacklich verbessert wurde.

**Kürbiskernöl** wird aus den schalenlos wachsenden Kernen des Ölkürbis gewonnen, der vorwiegend in der Steiermark und in Ungarn kultiviert wird. Das dunkelgrüne Öl besitzt einen intensiven Eigengeschmack. Es wird nicht nur zu Speisezwecken geschätzt, sonderen gleichermaßen als Heilmittel bei Brandwunden und Frostbeulen. Kürbisöl ist eines der teuersten Speiseöle.

Aus dem Keimling des Maiskorns wird das im Geschmack recht eigenwillige **Maiskeimöl** gepreßt. Um aus den Keimen einen Liter Öl zu gewinnen, sind 100 kg Mais nötig. Maiskeimöl ist aus wirtschaftlichen Gründen bislang nicht in kontrolliert biologischer Qualität verfügbar. Das hellgelbe Öl eignet sich gut zum Sautieren und Backen.

**Weizenkeimöl** wird aus den Keimen des Weizens gepreßt. Die Keime enthalten lediglich 7 bis 12 % Öl und zeichnen sich durch einen überdurchschnittlich hohen Gehalt an Vitamin E aus. Das goldgelbe Öl wird sowohl zu Speisezwecken, als auch als Grundlage für kosmetische Präparate verwendet.

Das bis vor wenigen Jahrzehnten noch fast unbekannte **Sojaöl** gehört heute auf dem konventionellen Markt weltweit zu den verbreitetsten Speiseölen. Kaltgepreßt und dazu noch in kontrolliert biologischer Qualität kommt es jedoch nur zu einem verschwindend kleinen Teil auf den Markt. Sojaöl ist von intensivem Geschmack und eignet sich gut zum Backen.

Unter den Nußölen gehört raffiniertes **Erdnußöl** zu den bedeutendsten Speiseölen. In kaltgepreßter Form ist es wie auch das Sojaöl bislang so gut wie bedeutungslos.

Quantitativ ebenfalls recht bescheiden nimmt sich der Verbrauch von Walnuß-, Mandel- und Haselnußöl aus. Diese Nußöle setzen sich aus hohen Anteilen an hochungesättigten Fettsäuren zusammen. Sie verfügen über ein intensives typisch nußartiges Aroma. Nußöle gehören zu den teuersten Speiseölen.

**Verwendung und Haltbarkeit**

Kaltgepreßte Öle mit überwiegend ungesättigten Fettsäuren sind weniger hitzestabil als raffinierte Öle und Fette mit einem hohen Anteil an gesättigten Fettsäuren. Dabei ist nicht nur zu beachten, daß beim Erhitzen ein Teil der wertgebenden Inhaltstoffe verloren geht: Werden kaltgepreßte Öle zu stark und zu lange erhitzt, können eine Vielzahl neuer chemischer, zu Teil sogar giftiger Verbindungen entstehen. Hoch ungesättigte Speiseöle wie Distel-, Lein- oder Walnußöl sollten daher ausschließlich für Rohkost verwendet werden. Zum kurzzeitigen Sautieren und Dünsten eignen sich vornehmlich Oliven- und Sesamöl. Für längeres Braten und Fritieren, das in der Vollwertküche jedoch weniger empfohlen wird, werden am besten Plattenfette mit überwiegend gesättigten Fettsäuren verwendet.

Im Unterschied zu raffinierten Ölen sind kaltgepreßte Öle auch weniger lange haltbar. Es empfiehlt sich eher, zu einer kleinen Halbliterflasche zu greifen, auch wenn ein größeres Gebinde preisgünstiger erscheint. Bei zu langer Lagerung kann sich der Vitamin E-Gehalt vermindern, vor allem wird altes Öl ranzig und bitter. Besonders schnell ranzig werden hochungesättigte Öle wie Lein- und Distelöl.

Speiseöle sollten dunkel und kühl, jedoch nicht unbedingt im Kühlschrank gelagert werden. Angebrochene Flaschen sind je nach Sorte spätestens innerhalb von 3 bis 6 Monaten aufzubrauchen. Leinöl verliert bereits nach wenigen Tagen an Frische.

## Plattenfette

Plattenfette werden, wie der Name sagt, zu Tafeln oder Platten ausgegossen und nach dem Festwerden verpackt. Sie dienen in erster Linie zum Braten und Fritieren. Von verschiedener Seite werden Plattenfette verstärkt für die Vollwertkost empfohlen. Sie bestehen aus überwiegend gesättigten Fettsäuren und sind damit hitzestabil. Auch bei langzeitigem Braten (z.B. von Fleisch) verändert sich ihre Struktur nur wenig. Dem steht entgegen, daß in der Vollwertkost möglichst heimischen Nahrungsmitteln der Vorzug gegeben werden sollte. Kokosfett und Palmkernfett, die beiden wichtigsten Plattenfette, kommen jedoch aus den Tropen, wo sie zudem bislang ganz konventionell produziert werden.

## Streichfette

**Butter**

Butter war noch bis in unser Jahrhundert hinein ein Saisonartikel. Gebuttert wurde nur im Sommer, wenn die Kühe dank intensiver Weidehaltung besonders viel Milch gaben. Auf Wochenmärkten wurde die Butter frisch aus dem Faß als Delikatesse angeboten.

Obwohl Butter aufgrund der riesigen EG-Bestände heute im Überfluß vorhanden ist, handelt es sich - zumindest in bezug auf den Milchaufwand - noch immer um ein exklusives Produkt: zur Herstellung vom einem Kilo Butter werden etwa 25 Liter Vollmilch benötigt. Butter wird aus süßem oder saurem Rahm gewonnen. Mit einer Zentrifuge wird der Rahm von der Milch getrennt, pasteurisiert und anschließend schnell wieder abgekühlt. Der eigentliche Butterungsvorgang, also die Überführung des flüssigen Rahms in einen streichfähigen Aufstrich, läuft in der Butterungsmaschine unter starker mechanischer Bearbeitung ab. Die dabei anfallende Buttermilch wird abgetrennt. Süßrahmbutter hat einen milden, etwas sahnigen Geschmack. Bei der in Deutschland besonders geschätzten Sauerrahmbutter wird der Rahm vor der Verbutterung mit Mikroorganismen geimpft und ca.

20 Stunden reifen gelassen, wodurch sich das charakteristische leicht säuerliche Aroma entwickelt.

Butter besteht aus etwa 82 % Milchfett und 16 % Wasser. In geringen Mengen finden sich darin noch Milcheiweiß, Milchzucker, Mineralstoffe, Vitamine, Cholesterin, aromatische Verbindungen und als natürlicher Emulgator Lezithin. Die einzig erlaubten Zusatzstoffe in der Butter sind Kochsalz und Carotin, welches zur Gelbfärbung eingesetzt wird.

Butter ist heute ein in Handelsklassen eingeteiltes, weitgehend standardisiertes Produkt mit dem typisch faden EG-Einheitsgeschmack, das mit einer ganzen Palette von Umweltgiften belastet sein kann. Für Bio-Butter dagegen wird Milch von kontrolliert biologisch wirtschaftenden Höfen verwendet, wo die Tiere artgerecht gehalten werden, also z.B. auch keine Antibiotika verabreicht bekommen. Außerdem wird bei der Butterherstellung auf den Zusatz von Carotin verzichtet. Die Haltbarkeit der Bio-Butter ist zumeist auf zwei bis drei Wochen begrenzt, da die gesetzlich vorgeschriebenen Pasteurisierungstemperatur von 72° C in der Regel nicht überschritten wird. Konventionelle Butter dagegen wird üblicherweise auf mehr als 100° C erhitzt, wodurch sie bis zu drei Monate haltbar ist.

**Margarine**

Margarine ist eine im Jahre 1869 in Frankreich erfundene „Kunstbutter", die ursprünglich aus Rindertalg, Labferment, Kuheuterextrakt und Magermilch zusammengemischt wurde. Durch pflanzliche Fette, die auf dem Weltmarkt billig verfügbar waren, wurde der Butter-Ersatz bald zu einem billigen und in Mitteleuropa weitverbreiteten Grundnahrungsmittel.

Zur Herstellung von Margarine ist es notwendig, flüssige Fette, d.h. Öle, in eine feste Form zu überführen, also zu härten. Zuvor werden die Öle mit Lösungsmitteln extrahiert, so daß sie geschmacklich und farblich neutral sind. Beim Härten oder Hydrieren werden ungesättigte Fettsäuren mit Hilfe von Wasserstoff abgesättigt und so in gesättigte Fettsäuren mit höherem Schmelzpunkt überführt. Nickel-Katalysatoren und Temperaturen von bis zu 180° C unterstützen diese chemische Reaktion. Durch die Hydrierung gehen die fettlöslichen Vitamine fast vollständig verloren. Bei nicht sorgfältiger Reinigung können Spuren von Nickel zurückbleiben. Nickel ist als Allergen bekannt. Außerdem bilden sich bei der Härtung sogenannte Trans-Fettsäuren, die von Natur aus in pflanzlichen Fetten gar nicht vorkommen. Deren gesundheitliche Risiken sind bislang noch nicht hinreichend erforscht.

Neben der Hydrierung ist die Umesterung ein weiterer aufwendiger technologischer Eingriff, um den Schmelzpunkt von Fetten zu erhöhen. Als Katalysatoren dienen Natrium oder Alkaliverbindungen. Das raffinierte Fett wird bei 80 bis 100° C im Vakuum gerührt, bis sich die Fettsäuren aufspalten. Mit der Umesterung können maßgeschneiderte Fette für verschiedene Verwendungszwecke hergestellt werden.

Das hydrierte oder umgeesterte Fettgemisch wird mit Wasser vermengt und zu einer streichfähigen Masse emulgiert. Margarine besteht zu 80 % aus pflanzlichen und tierischen Fetten und zu 20 % aus Wasser. Eine Spur Stärke, dazu Emulgatoren, Farbstoffe, Antispritzmittel, Konservierungsstoffe und synthetische Vitamine vervollständigen das Kunstprodukt aus der Retorte.

Bei Margarinen, die im Refom- und Naturkosthandel erhältlich sind, wurde versucht, die gravierenden Fehlentwicklungen in der Margarineherstellung zu vermeiden. Anstelle hydrierter oder umgeesteter Fette werden solche verarbeitet, die einen von Natur aus höheren Schmelzpunkt haben. Dies sind in erster Linie Palmöl und Kokosfett, die zumeist mit Sonnenblumenöl gemischt werden. Die Fette werden durch eine Kältebehandlung von der flüssigen Phase getrennt. Tierische Fette wie Rindertalg und Fischöl werden nicht verwendet. Reformmargarinen sind frei von Konservierungsstoffen, künstlichen

Farbstoffen, synthetischen Vitaminen und Kochsalz. Alles in allem sind sie dennoch das Ergebnis moderner Lebensmitteltechnologie und im Vergleich zu den konventionellen Waren lediglich etwas entschärfte Produkte. Aus Sicht der Vollwerternährung ist daher natürlichen Fetten wie kaltgepreßten Pflanzenölen und gegebenenfalls Butter der Vorzug zu geben.

# Index

(die fettgedruckten Zahlen geben die jeweils wichtigste Fundstelle an)


Aflatoxine . . . . . . . . . . . . . 71, 152, 156
Agar Agar . . . . . . . . . . . . . . . 132f
Aleuronschicht . . . . . . . . . . . . 28ff, 47
Alfalfa . . . . . . . . . . . . . . . . . 122
Algen . . . . . . . . . . . . . 14, 86, **126ff**
Alginsäure . . . . . . . . . . . . . . . 129ff
Amaranth . . . . . . . . . . . 55, **57ff**, 61, 80
Amazake . . . . . . . . . . . . . . . . 49
Ananas . . . . . . . . . . . . . . . . . 96
Anbauverbände . . . . . . . . . . . **12ff**, 134
Anis . . . . . . . . . . . . . . . . 52, 138f
Apfel . . . . . . . 76f, **92ff**, 96, 99, 148, 156
Arame . . . . . . . . . . . . . . . . . 132
Arbeitsgemeinschaft Ökol. Landbau . . . . 13
Ausmahlungsgrad . . . . . . . . . . . . . 64
Austernpilze . . . . . . . . . . . . . . 135
Auszugsmehl . . . . . . 23, 29ff, **64f**, 70ff, 87
Avocados . . . . . . . . . . . . . . 92, 95f

Backferment . . . . . . . . . . . . . 39, 67f
Ballaststoffe . . 22ff, 65f, 79ff, 104, 116ff, 136
Balsamessig . . . . . . . . . . . . . . . 148
Bananen . . . . . . . . . . . . . . 92, 95ff
Bärlauch . . . . . . . . . . . . . . . . 114
Barley Water . . . . . . . . . . . . . . . 39
Bierhefe . . . . . . . . . . . . . . . . 149f
Bifun . . . . . . . . . . . . . . . . . . 86
Bio-Verbände . . . . . . . . . . . . . . 13
Bircher-Benner, Max . . . . . . . 19, 76f, 115
Bittermandeln . . . . . . . . . . . . . . 154
Blei . . . . . . . . . . . . . . 24, 129f, 147
Bockshornklee . . . . . . . . . . . . . . 122
Borstenhirse . . . . . . . . . . . . . . . 42f
Braugerste . . . . . . . . . . . . . . . . 37
Braunkappen . . . . . . . . . . . . . . 135
Brotsorten . . . . . . . . . . . . . . . . 68
Buchweizen . 19, 23, 27, 42, 53, **55ff**, 74, 80ff
Buchweizengrütze . . . . . . . . . . . . 56
Buchweizenmehl . . . . . . . . . . . 56, 85f
Buchweizennudeln . . . . . . . . . . . . 85
Bulgur . . . . . . . . . . . . . . . . . . 87
Butter . . . . . . . . . . . 96, 114, 141, 168ff

CA-Lager . . . . . . . . . . . . . . . . . 93
Cadmium . . . . 24, 104, 129f, 134, 147, 158f
Calasparra-Reis . . . . . . . . . . . . . 52
Calcium . 26ff, 46, 58ff, 96f, 104f, 127ff, 151ff
Carotin . . . . . . . . . . 110, 112, 117, 169
Cashewkerne . . . . . . . . . . . . . . 156
Cayennepfeffer . . . . . . . . . . . . . 140
Cha-Soba . . . . . . . . . . . . . . . . 85
Champignons . . . . . . . . . . . 129, 134ff
Chapatis . . . . . . . . . . . . . . . . . 31
Chili . . . . . . . . . . . . . . . . . . 140
Chlorophyll . . . . . . . . . . 123f, 134, 164
Chufas . . . . . . . . . . . . . . . . . 155
Clementine . . . . . . . . . . . . . . . 97f
Cornflakes . . . . . . . . . . . . . . 55, **76**
Couscous . . . . . . . . . . . . . . . . 87
Crunchy . . . . . . . . . . . . . . . . . 77
Cumin . . . . . . . . . . . . . . . . . 140
Curcuma . . . . . . . . . . . . . . . . 140
Curry . . . . . . . . . . . . . . . . 122, 140f

Darren . . . . . . . . . . . . . . . . 27, 36
Demeter . . . . . . . . . . . . . . . 15, 20
Dinkel . . . . . . . . . . . . . . 19, 28, **34ff**
Distelöl . . . . . . . . . . . . 114, **165**, 167
Dulse . . . . . . . . . . . . . . . 130, 132
Düngung . . . . . . . . . . . . . 13, 14, 94
Durumweizen . . . . . . . . . . . . . . 83

Edelhefe . . . . . . . . . . . . . . . . 150
Eingemachtes . . . . . . . . . . . . . . 118
Eiweiß . . 10, 25ff, 39ff, 50ff, 78ff, 92, 105ff, 114f, 119f, 127ff, 149ff, 169
Erdmandeln . . . . . . . . . . . . . . . 155
Erdnüsse . . . . . . . . . . . . . 152, **155ff**
Erdnußöl . . . . . . . . . . . . . . . . 166
Essener Brot . . . . . . . . . . . . . **69**, 123
Essig . . . . . 9, 71, 93, 118, 131, 142, **147ff**
Ethylen . . . . . . . . . . . . . . . . . 97

Feigen . . . . . . . . . . . . . . . . . . 97
Fette . 69, 78, 88, 114, 120, 136ff, 149ff, **160ff**

Fettsäuren . . 25ff, 58, 63, 75, 88, 151ff, 160ff
Flachs . . . . . . . . . . . . . . . . . . 158
Fleisch 10f, 22ff, 91ff, 105ff, 144ff, 156ff, 168
Flocken . . . . . . . . . . . . . . . . . . 74
Flockenpressen . . . . . . . . . . . . . . 75
Fluor . . . . . . . . 26, 33, 44, 120, 151, 158
Frischkornmüsli . . . . . . . . . . 27, 64, **75f**
Fruchtfolge . . . . . . . . . . . . . . 13f, 23
Frühstückscerealien . . . . . . . . . . 55, **76**
Futterkleie . . . . . . . . . . . . . . . . 87

Gänsefußgewächs . . . . . . . . . . . . . 59
Garmethode . . . . . . . . . . . . . . . 117
Gelbwurz . . . . . . . . . . . . . . . . . 140
Gemüse . . . . . 8ff, 26, 58, 81ff, **102ff**, 141ff
Genmai-su . . . . . . . . . . . . . . . . 148
Gerste . . 20, 28, 33, **36ff**, 60, 67, 72, 80f, 124
Getreide . . 9f, **19ff**, 53ff, 67ff, 107, 120ff, 161
Getreideflocken . . . . . . . . . . . . . . 74
Gewürze . . . . . . . . 68f, 77, 80, 115, **137ff**
Ginger Ale . . . . . . . . . . . . . . . . 140
Glasnudeln . . . . . . . . . . . . . . . .
Glukosesirup . . . . . . . . . . . . . . 55, 63
Glutamat . . . . . . . . . . . . . . . . . 150
Gluten . . . . . 30, 33, 42f, 53ff, 59ff, 83ff, 89
Gluten-Unverträglichkeit . . . . . . . . . . 53
Goma Sio . . . . . . . . . . . . . . . . . 157
Grahambrot . . . . . . . . . . . . . . . . 69f
Granola . . . . . . . . . . . . . . . **77**, 107
Grapefruit . . . . . . . . . . . . . . . 97, 99
Graubrot . . . . . . . . . . . . . . . . 65, 69
Graupen . . . . . . . . . . . . . . . . . . 37
Grieß . . . . . . . . . . . . . . . . . 63, 80ff
Grünkern . . . . . . . . . . . . . . . 19, **34ff**
Grütze . . . . . . . . . . 20ff, 37ff, 63, 80f

Habermus . . . . . . . . . . . . . . . . . 35
Hafer . . . . . . . . . 19ff, **40ff**, 60, 67, 74ff
Haferflocken . . . . . . . . . . . . . . . . 74
Hartweizen . . . . . . . . . . . . 31, 83f, 87
Hartweizengrieß . . . . . . . . . . . . . . 31
Hartweizenschrot . . . . . . . . . . . . . 87
Haselnüsse . . . . . . . . . . . . . 76, 152ff
Hato mugi . . . . . . . . . . . . . . . . . 39f
Hefe . . . . . . . . . . . . . . 59, 66ff, 149f
Hefeflocken . . . . . . . . . . . . . . . . 149
Herbizide . . . . . . . . . . . . . 14, 24, 153
Hexan . . . . . . . . . . . . . . . . . . . 162
Hijiki . . . . . . . . . . . . . . . . . . . 130f
Hildegard von Bingen . . . . . . . . . . . 34
Hirse . . . . 19ff, **41ff**, 53, 60, 67, 74, 80ff, 89
Hirseflocken . . . . . . . . . . . . . . . . 75
Hokkaido-Kürbis . . . . . . . . . . . . . 112
Honig-Salz-Brot . . . . . . . . . . . . . . 67
Humuswirtschaft . . . . . . . . . . . . . . 13

IFOAM-Richtlinien . . . . . . . . . . . . 15
Ingwer . . . . . . . . . . . . . . . . . . . 140
Instant-Suppen . . . . . . . . . . . . 86, 150
Insulin . . . . . . . . . . . . . . . . . . . 109
Inulin . . . . . . . . . . . . . . . . . . . 109f

Jod . . . . . . . . . . . . . . . . . 127ff, 145

Kaneel . . . . . . . . . . . . . . . . . . . 143
Kanten . . . . . . . . . 36, 39, 89, 96, 112, 132
Kardamom . . . . . . . . . . . . . . . . . 140
Kartoffel . . . . 22ff, 40ff, 85, 98ff, **106ff**, 123
Kartoffelstärke . . . . . . . . . . . . . . . 86
Keimfähigkeit . . . . . . . . . . . . . . . 28
Keimling . . 22ff, 47f, 55, 63f, 70ff, **120ff**, 166
Keimsaaten . . . . . . . . . . . . . 120, **122ff**
Kekse . . . . . . . . . . . . . . . . . . 35, 73
Kelp . . . . . . . . . . . . . . . . . . . . 131
Kerne . . . . . . 77, 98, 119, 123, **151ff**, 166
Ketchup . . . . . . . . . . . . . . . . . . 119
Kichererbsen . . . . . . . . . . . . . . . 122f
Kieselsäure . . . . . . . . . . . . . . 44, 109
Kiwi . . . . . . . . . . . . . . . . . . . 98, 99
Kleie . . . . . . . . . . . 21f, 28ff, 48, 73, 87f
Kleingebäck . . . . . . . . . . . 44, 63, 68, **73**
Klettenwurzel . . . . . . . . . . . . . . . 111
Knäckebrot . . . . . . . . . . . . . . . . . 70
Knoblauch . . . . . . . . . . . 104, 111, 137
Knöterichgewächse . . . . . . . . . . . . . 55
Kochsalz . . . . . . . . 118, **143f**, 150, 169ff
Kokosfett . . . . . . . . . . . . . . 160, 168ff
Kokosnüsse . . . . . . . . . . . . . . . . 156
Kollath, Werner . . . . . . . . . . . . . . 19
Kombu . . . . . . . . . . . . . . . . . . . 128ff
Kommißbrot . . . . . . . . . . . . . . . . . 70
Koriander . . . . . . . . . . . . . . . . . 140f
Kräuter . . 14, 24, 51, 104, 112ff, **137ff**, 145ff
Kresse . . . . . . . . . . . . . . . . . . . 122ff

Kreuzkümmel . . . . . . . . . . . . . . 140
Kuchen . . 21f, 59, 63f, **73**, 88, 92, 140f, 153ff
Kukuruz . . . . . . . . . . . . . . . . 55, 80
Kunstdünger . . 8, 23, 30ff, 50, 94ff, 105f, 113
Kunstsauer . . . . . . . . . . . . . . . 66
Kürbis . . . . . . . . . . . . 111f, 117, 140
Kürbiskerne . . . . . . . . . . . . . 159, 166

Langkornreis . . . . . . . . . . . . . . 48ff
Leinöl . . . . . . . . . . . . . . . . 165ff
Leinsaat . . . . . . . . . . . 123, 151, 158f
Leucin . . . . . . . . . . . . . . . . . 58
Lezithin . . . . . . . . . . . . . . 157, 169
Linolsäure . . . . . . . . . 40, 74, 161, 164f
Linsen . . . . . . . . . . . . . . . . . 122
Lorbeer . . . . . . . . . . . . . . . . 141
Löwenzahn . . . . . . . . . . . . . . . 114
Luzerne . . . . . . . . . . . . . . . . 122
Lysin . . . . . . . . . . . . . . 25, 33, 54f

Mais . . **20ff**, 42ff, 67, 80ff, 106, 147f, 162ff
Mälzen . . . . . . . . . . . . . . . . . 39
Malzkaffee . . . . . . . . . . . . . . 39, 63
Mandarine . . . . . . . . . . . . . . . 97f
Mandeln . . . . . . . . . . . . . 76f, **152ff**
Mango . . . . . . . . . . 98f, 103, 111, 117
Mangold . . . . . . . . . . . . . . . . 111
Margarine . . . . . . . . . . . 156, 165, 169f
Matzen . . . . . . . . . . . . . . . . . 70
Meeresgemüse . . . . . . . . . . . . . . **126**
Meerrettich . . . . . 109, 112, 118, 137f, 149
Meersalz . . . . 69, 73, 81, 84, 89, 108, 145ff
Mehl . . . 14, 21ff, 44, 53, 59, 63ff, 80ff, 107
Mekabu . . . . . . . . . . . . . . . . . 131
Milchreife . . . . . . . . . . . . . . . . 35
Mittelkornreis . . . . . . . . . . . . . . 48
Mochi . . . . . . . . . . . . . . . . . . 49
Mohn . . . . . . . . . . . . . . . . . . 159
Möhre . . . . . . 103, 110f, 117f, 129, 132
Mostrich . . . . . . . . . . . . . . . . 149
Muskat . . . . . . . . . . . . . . . . . 140f
Müsli . . 41, 56, 59, **75ff**, 110, 123, 143, 151ff
Mutterkorn . . . . . . . . . . . . . 33, 34, 59

Nachtschattengewächse . . . . 108, 123, 142
Nährmittel . . . . . . . . . . . . 23, 39, 63
Natriumchlorid . . . . . . . . . . . . . 143ff
Naturreis . . . . . . . . . . . . . . 9, 45ff, 89
Natursauer . . . . . . . . . . . . . . . 66, 69
Nelken . . . . . . . . . . . . . . . . . 140ff
Neurodermitis . . . . . . . . . . . . . . 53
Nickel . . . . . . . . . . . . . . . . 70, 170
Nitrat . . . . . . . . . . . . 8, 24, 103ff, 118
Nitrit . . . . . . . . . . . . . . . . . 11, 105
Nori . . . . . . . . . . . . . . . . . . . 127ff
Nüsse . . 10, 25, 69ff, 91, 120, 141, **151ff**, 161
Nußmuse . . . . . . . . . . . . . . . . 152
Nußöle . . . . . . . . . . . . . . . . . 166

Obst . . . 8, 14, 79, 81, **91ff**, 102ff, 143, 148
Öle . . . 9, 104, 110, 114, 137, 141, 154, **160ff**
Olivenöl . . . . . . . . . . . . . . . 114, **163f**
Ölsaaten . . . . . . . . . . . . 78, 151, **157ff**
Orangen . . . . . . . . . . . . . . . . 95, 97f

Palmkernfett . . . . . . . . . . . . . . 168
Papain . . . . . . . . . . . . . . . . . . 99
Papaya . . . . . . . . . . . . . . . . . . 99
Paprika . . . . . . . . . 103, 108, 128, 137ff
Parboiled . . . . . . . . . . . . . . . 46ff, 53
Pastinaken . . . . . . . . . . . 104, 109f, 117
Patisson . . . . . . . . . . . . . . . . . 112
Pellagra . . . . . . . . . . . . . . . . . 54
Pestizide . . . . . . . . 8ff, 24, 50, 94ff, 105
Pesto . . . . . . . . . . . . . . . . . . 154
Petersilienwurzeln . . . . . . . . . . . . 112
Pfeffer . . . . . . . . . . . . . . . . . 139ff
Pflanzenschutz . . . . . . . . . **13f**, 105, 116
Phytin . . . . . . . . . . . . . . . . . . 26
Pilze . . . . . . . . . . . . . . . . **134ff**, 152
Pinienkerne . . . . . . . . . . . . . . . 154
Pistazien . . . . . . . . . . . . . . . 152, 155
Plattenfett . . . . . . . . . . . . . . . . 167f
Polenta . . . . . . . . . . . . . . . 19, 55, 80
Pomeranze . . . . . . . . . . . . . . . . 97
Pop Corn . . . . . . . . . . . . . . . . . 54
Porridge . . . . . . . . . . . . . . . . 40, 80

Quinoa . . . . . . . . . . . . . . 55, **59ff**, 89

Radieschen . . . . . . . . . . . . . . . 123
Raffination . . . . . . . . . . . . . 145, 162f
Raffinose . . . . . . . . . . . . . . . . . 33
Ramen . . . . . . . . . . . . . . . . . . 85f

Rapsöl . . . . . . . . . . . . . . . . . . . 165
Reformbewegung . . . . . . . . . . . . . 19
Reis . 9, 20, 27ff, **44ff**, 74, 80ff, 98, 108ff, 148
Roggen . . . . 19ff, 28ff, **32ff**, 40, 53, 59, 66ff
Rohes Getreide . . . . . . . . . . . . . . 27
Rohkost . . . . . . . 10f, 92, 110ff, 124, 164ff
Rundkorn . . . . . . . . . . . . . . . . 48f
Rundkornreis . . . . . . . . . . . . . . . 52

Saflor . . . . . . . . . . . . . . . . . . . 165
Salz . 11, 20, 46, 54, 66ff, 84, 105ff, 133, **143ff**
Samen 29, 41, 50, 58f, 98f, 120ff, 137ff, **151ff**
Saponin . . . . . . . . . . . . . . . 60, 114
Satsuma . . . . . . . . . . . . . . . . . 98
Sauerteig . . . . . . . . . . . 21, 33, 59, 66ff
Schädlingsbekämpfungsmittel . . . 8, 23, 121
Schrot . . . . . 19, 27, 35f, 55, **63ff**, 80ff, 163
Schwarzbrot . . . . . . . . . . . . . . . 70
Schwarzwurzel . . . . . . . . . . . 104, 109ff
Schwermetalle . . . . . . . 11, 24, 104, **128ff**
Senf . . . . . . . . . . . 58, 112, 123, **149**
Sesam . . . . . . . . . . 89, 123, 151, **157ff**
Sesamöl . . . . . . . . . . . . . . . . 164f
Shiitake-Pilze . . . . . . . . . . . . . . 135
Simonsbrot . . . . . . . . . . . . . . . . 71
Soba . . . . . . . . . . . . . . 67, 85ff, 151
Sojaöl . . . . . . . . . . . . . . . . . . 166
Sojasprossen . . . . . . . . . . . . . . 122ff
Solanin . . . . . . . . . . . . . . . . . 108
Somen . . . . . . . . . . . . . . . . . . 86
Sonnenblumenkerne . . . . . . . . . . . 158
Sonnenblumenöl . . . . . . . . 162, **165**, 170
Sorbinsäure . . . . . . . . . . . . . . . 72
Sorghum . . . . . . . . . . . . . . . . . 43
Speisewürze . . . . . . . . . . . . . . 150
Spelt . . . . . . . . . . . . . . . 35, 110
Spirulina . . . . . . . . . . . . . . . . 133
Sprossen . . . . . . . . . . . . . 59, **120ff**
Sprue . . . . . . . . . . . . . . . . 44, 53
Stachyose . . . . . . . . . . . . . . . . 33
Steinmetzbrot . . . . . . . . . . . . . . 71
Stiftung Ökologie und Landbau . . . . . . 13
Streichfette . . . . . . . . . . . . . . 168f
Südfrüchte . . . . . . . . . . . . . . . 95ff
Süßer Reis . . . . . . . . . . . . . . . . 49

Tahin . . . . . . . . . . . . . . . . . . 157
Teff . . . . . . . . . . . . . . . . . . . 43
Teigwaren . . . . . 23, 31, 35, 56ff, **84ff**, 150
Thermo-Getreide . . . . . . . . . . . . . 80f
Thiabendazol . . . . . . . . . . . . . . 97
Tiefkühlkost . . . . . . . . . . . . . . 118f
Tomatenprodukte . . . . . . . . . . . . 119
Topinambur . . . . . . . . . . . . 104, 109f
Tororo-Kombu . . . . . . . . . . . . . . 131
Trans-Fettsäuren . . . . . . . . . . . . 170
Triebmittel . . . . . . . . . . . 39, 66ff, 123
Triticale . . . . . . . . . . . . . . . . . 34
Typenzahl . . . . . . . . . . . . . . . . 64

Udon . . . . . . . . . . . . . . . . . . . 85f
Ume-su . . . . . . . . . . . . . . . . . 148

Vanille . . . . . . . . . . . . . . . 77, 142f
Vollkornbrot . . . . . . . 9, 21, **65ff**, 82, 158
Vollkornnudeln . . . . . . . . . . . 9, 59, **82ff**

Waerland, Are . . . . . . . . . . . . . . 19
Wakame . . . . . . . . . . . . . . . . . 130f
Walnüsse . . . . . . . . . . . . . . . . 153
Warenzeichen . . . . . . . . . . . . . 12, 15
Weichweizen . . . . . . . . . . . . . 31, 84
Weißbrot . . . . . . . . . . . . . . . 21f, 64f
Weizen . . 12, 19f, **28ff**, 40ff, 53ff, 122ff, 166
Wildreis . . . . . . . . . . . . . . . . 49, 51
Würzbrühe . . . . . . . . . . . . . . . . 150

Yinenjo-Soba . . . . . . . . . . . . . . . 85
Yomogi-Soba . . . . . . . . . . . . . . . 85

Zimt . . . . . . . . . . . . . . . 77, 140, 143
Zink . . . . . . . . . . . 41, 50, 130, 151, 159
Zitrone . . . . . . . . 76, **97ff**, 110, 114, 147
Zitrusfrüchte . . . . . . . . . . . 92, 95, 100
Zöliakie . . . . . . . . . . . . . . . . 44, 53
Zubereitung von Getreide . . . . . . . . . 26
Zuckercouleur . . . . . . . . . . . . . 66, 69f
Zwieback . . . . . . . . . . . . . . . . . 72

# Andere Bücher aus dem pala-verlag

Goetz: Einfach anders essen
Taschenbuch, 9,80 DM
ISBN: 3-923176-21-x

Goetz: Andere Ernährung
Taschenbuch, 9,80 DM
ISBN: 3-923176-58-9

Gerras: Rohkost
Taschenbuch, 9,80 DM
ISBN: 3-923176-59-7

Schorndorfer: Konservierung
Taschenbuch, 9,80 DM
ISBN: 3-923176-38-4